# 뇌과학 기반
# 동기와 학습

김은주 저

The Emerging Neuroscience of
Motivation and Learning

학지사

이 저서(논문 · 예술연구)는 연세대학교 학술연구비의 지원으로 이루어진 것임.
이 저서는 저자가 연구년(2023. 3.~2023. 8.) 기간 중에 작성한 것임.

# 머리말

이 책은 제가 교육대학원에서 '학습동기' 강의를 하면서 다루었던 주요 내용을 중심으로 집필한 책으로서, '동기'와 '학습'에 대한 책입니다. '동기유발'은 '긍정적 정서'가 기반이 될 때에 비로소 가능한 것입니다. 인간의 '동기와 학습'을 연구하는 것은, 인간의 가소성을 이해하고 인간의 발전 가능성을 믿는 것입니다. 뇌과학 기반 동기와 학습에 대한 이 책은 보다 과학적으로 인간의 발전 가능성, 인간의 지능과 능력의 변화 가능성을 다루려는 시도입니다.

이 책은 동기의 배경을 살펴보는 것으로 시작하여, 학습과 직접적으로 관련이 있는 주요 동기이론을 다루었습니다. 그리고 이와 같은 동기이론의 배경과 주요 이론과 관련된 최신의 뇌과학 연구들을 다루고 있습니다. 또한 이 책은 교육 현장의 교수자와 학습자들에게 실제적인 도움이 될 수 있도록, 동기와 학습에 대한 이론을 설명하는 데 그치지 않고, 보다 구체적으로 교육 현장에서 적용할 수 있는 방법에 대해서도 살펴보았습니다.

이 책의 제1부에서는 동기의 배경을 다루면서 '인간 지능의 향상

가능성'에 대한 내용을 신경가소성과 마인드셋을 통하여 살펴보았습니다. 또한 동기의 기반이 되는 긍정적 정서를 최신 뇌과학 연구들을 통하여 고찰하였습니다. 긍정적 정서를 기반으로 '인간의 지능과 능력이 향상될 수 있다고 믿기로 선택'하면 인간은 실제로 변화할 수 있습니다. 진정한 동기가 유발되는 멋진 경험을 할 수 있습니다. 이 책에서는 이론에 더하여 긍정적 정서를 실제적으로 어떻게 향상시킬 수 있는지, 긍정적 정서와 동기유발을 어떻게 보다 효과적으로 연관시킬 수 있는지에 대해서도 함께 다루었습니다.

이 책의 제2부에서는 주요 동기이론과 관련된 최신 뇌과학적 연구들을 다루고 있습니다. 이 책에서는 다양한 동기이론 중에서도 주요 동기이론으로 내재적 동기 vs. 외재적 동기, 자기효능감, 자아개념, 목표설정이론, 몰입이론, 자기결정성 이론을 다루고 있습니다.

저는 늘 '열심히 자신의 일을 하는 긍정적인 사람들'을 존중하고 좋아했습니다. 이는 아마도 제 부모님이 저희 남매를 기르실 때에 자신의 일을 열심히 하는 것이 가장 중요하다고 늘 가르쳐 주셨기 때문일 것입니다. 그리고 무엇보다도 실제로 저의 부모님이 저희에게 훌륭한 모범이 되어 주셨던 덕분일 것입니다. 긍정심리학이라는 용어가 아예 없던 수십 년 전부터도 부모님은 "네가 원하는 것을 스스로 선택해서 열심히 하면 된다." "잘하는 사람이 따로 정해져 있는 것은 아니다. 열심히 하면 잘할 수 있다."라고 가르침을 주시곤 하셨습니다. 제가 부족하나마 동기에 관심을 갖고 사람들이 자신의 일을 열심히 잘 해낼 수 있도록 돕기 위한 연구를 하게 된 것은 부모님의 올바른 가르침과 지극하신 사랑 덕분일 것입니다.

우리가 '믿으려고 선택'하여 인간의 지능과 능력이 변화할 수 있음을 믿으면 실제로 우리의 삶이 훨씬 더 행복해지고, 따라서 훨씬 더 많은 것을 성취해 갈 수 있다고 믿습니다. 이 책 『뇌과학 기반 동기와 학습』이 다양한 독자, 즉 동기를 배우고 연구하는 학생들, 교육 현장의 교수자들, 기업의 인적자원개발 분야 전문가들, 경영 현장의 CEO들이 '긍정적 정서'와 '동기와 학습'의 본질을 이해하여 보다 나은 세상을 만들어 가는 데에 작게나마 도움이 되기를 희망합니다.

책의 출판을 도와주신 학지사의 김진환 사장님, 한승희 부장님, 책의 출간 내내 살펴 주신 유은정 과장님, 초고의 시작부터 마무리까지 자료 검색과 정리를 도와 준 강근영 연구원에게 감사드립니다. 책을 쓰는 동안 연세대학교에서 '학습동기' 강의를 들으며, 자신의 경험들을 자발적으로 함께 나누면서 강한 긍정적 피드백을 보내 주었던 교육대학원 학생들, 저에게 동기를 유발시켜 주고 성장시켜 준 그 학생들에게 고마움을 전합니다. 끝으로, 저를 긍정적 정서 속에서 키워 주시고, 저의 동기와 학습을 길러 주신 사랑하는 부모님께 깊은 감사의 마음을 전합니다.

2024년 1월

저자 김은주

# 차례

# 동기의 배경: 성취는 만들어 가는 것이라는 믿음

# 제1장

# 인간의 지능은 정말로 향상 가능한가: 신경가소성과 마인드셋

1. 신경가소성
2. 성장 마인드셋
3. 고정 마인드셋

전통적 심리학은 인간의 사고방식과 행동을 연구하기보다는 인간을 환경의 산물 혹은 과거의 경험에 의해서 이후의 행동이 결정되는 존재, 외적 강화에 따라서 행동이 결정되는 존재 등으로 설명하는 데 집중하였다. 예컨대, 프로이트 학파는 유아기, 아동기에 해결되지 않은 갈등이 이후 성인의 행동을 결정한다고 보았다. 그렇기 때문에 성인 이후의 행동은 본인이 바꾸기 어렵다. 이는 선택의 문제가 아니다. 이미 아동기에 성인의 행동이 결정되기 때문이다. 또한 행동주의자들은 인간의 행동이 외적 강화에 의해서 좌우된다고 보았다. 어떠한 외적 강화를 받을 수 있는 환경에 놓여 있는지가 인간의 행동을 좌우한다. 이렇듯이 전통적 심리학은 개개인의 사고방식이나 인간의 심리적 개인차 자체에 큰 관심을 가지지 않았다.

그런데 1960년대에 들어서 심리학의 흐름에 큰 전환이 생겼다. 즉, 외부의 영향에 의해서 결정되는 인간의 행동에 초점을 맞추는 행동주의를 넘어서서 인지심리학이 출현하였다. 인지심리학은 인간의 정보처리 과정을 기반으로 인간 마음의 작동 방식과 결과 측정에 초점을 맞춘다. 인지심리학의 실마리는 1959년에 노엄 촘스키(Noam Chomsky)가 열었다. 그는 행동주의 심리학자인 스키너의 저서 『언어행동(Verbal behavior)』을 신랄하게 비판하면서 인간의 행동을 과거에 설명된 설명 양식의 결과로 바라보는 것은 오류라고 주장하였다. 촘스키에 따르면 인간의 언어는 결정되는 것이 아니라, 본질적으로 새로이 생성 가능한 것이기 때문이다. 그렇기 때문에 우리는 이전에 한 번도 말하거나 들어 본 적이 없는 완전히 새로운 문장도 듣는 그 순간에 이해가 가능한 것이다. 그래서 그는 인간의 언어능력을 제대로 이해하기 위해서는 생성문법(generative grammar)를 적용하여야 한다고 하였다. 생성문법은 사람들이 한 언어의 문법에 맞는 문장들을 거의 무한대로 생성하는 데 활용하는 유한한 규칙들을 의미한다. 촘스키는 행동주의자들처럼 인간의 행동만 관찰해서는 인간의 다면적 능력을 제대로 이해할 수 없다고 강조하였다.

또한 울릭 나이서(Ulric Neisser)의 저서 『인지심리학(Cognitive Psychology)』도 인지심리학의 지평을 열었다. 나이서의 『인지심리학』은 젊은 심리학자들이 블랙박스로 뒤덮인 행동주의의 독단을 벗어나 새로운 영역에서 상상력을 펼치며 인간의 정보처리 과정 모델을 발전시킬 수 있도록 해 주었다. 이후 행동주의자들마저도 인지심리학의 태동에 영향을 받아서 인간의 보다 복합적인 행동을 설명하기 위해서 개인의 인지 과정에 초점을 맞추기 시작하였다. 즉, 행동주의자들도 인간의 행동을 충동과 욕구로만 설명하는 한계를 넘어서기 위한 시도를 시작한 것이다.

이와 같은 과정을 거치면서 1960년대 이후의 심리학은 환경에 초점을 맞추는 대신에 개인의 기대, 선택, 결정, 통제 등으로 관심사를 변화시켰다. 이와 같은 심리학의 흐름에서 나타난 가장 중요한 발견 중 하나는 인간이 변할 수 있다는 점이다(Seligman, Rashid, & Parks, 2006). 즉, 인간의 사고방식은 고정이 아니다. 사람들은 각자 자신의 사고방식을 선택할 수 있다.

인간이 자신의 사고방식을 변화시킬 수 있다는 심리학의 발견은 이후 성장 마인드셋, 발전이론 등의 기반이 되는 중요한 발견이 되었다. 나의 지능이 변화 가능한 것으로 생각할 것인지, 아니면 고정된 것으로 믿을 것인지는 전적으로 자신의 선택이다. 이 장에서는 동기이론의 배경 지식으로서 신경가소성과 마인드셋에 대해서 살펴보기로 하자.

## 1. 신경가소성

런던의 택시 기사 면허증 시험은 매우 까다롭다. 복잡하기로 유명한 런던의 2만 5,000개 도로와 수천 개의 광장을 알고 있어야 한다. 면허증을 따고 나면 복잡한 런던의 거리를 하루 종일 찾아다니며 택시를 운행한다. 그들의 뇌에서는 어떠한 일이 벌어지고 있을까? 유니버시티칼리지 런던(University College London: UCL)의 뇌과학자들이 런던의 택시 기사 18명 vs. 버스 기사 17명을 대상으로 뇌과학 연구를 수행하였다. 택시 기사와의 비교를 위하여 선정한 그룹은 버스 기사들이었다. 이들은 정해진 노선을 운전하는 성인들이었다. 런던의 택시 기사들과 버스 기사들의 뇌를 비교한 결과, 택시 기사들의 대뇌 측두엽 '해마(hippocampus)' 영역이 유의미하게 더욱 컸다(Maguire et al., 2000). 해마는 학습, 기억 등의 인지기능을 담당하는 부위로서 단기기억을 장기기억으로 바꾸는 기능을 한다. 그렇기 때문에 해마는 일종의 저장 버튼이다. 해마가 없으면 우리는 새로운 기억을 아예 만들 수 없다. 이미 성인이 된 택시 기사들이지만, 규칙적으로 반복해서 길 찾기를 하니 해마가 지속적으로 발달하고 있었던 것이다.

흔히 사람이 나이를 먹으면 머리가 나빠진다고 생각한다. 성인이 되면 더 이상 새로운 뇌세포가 성장하지 않는다고들 생각한다.

그러나 앞의 예시에서도 볼 수 있듯이, 최신 뇌과학 연구들은 나이가 들어도 얼마든지 새로운 것을 배울 수 있음을 제시한다. 시냅스로 이루어진 신경세포 간의 연결망은 평생 계속 변화 가능하기 때문이다. 인간의 뇌는 딱딱하게 고정되어 있는 것이 아니라 마치 찰흙처럼 변형 가능하다. 뇌의 특정 영역이 담당하는 특정 기능은 대략적으로 정해져 있다. 그러나 일대일로 정확하게 대응되는 것은 아니다. 여기서 중요한 것은 뇌의 특정 영역이라기보다는 뇌 신경세포 간의 연결 네트워크인 '신경망의 연결성'이다. 뇌가 보존하는 정보는 세포와 세포 간의 연결망 구조로 존재한다. 그런데 뇌에 새로운 자극을 반복적으로 주면 뇌 신경세포 간의 연결 네트워크인 신경망이 얼마든지 변화 가능하다. 이것이 신경과학의 '헤비안 원칙(Hebbian principle)'이며, 이와 같은 신경세포 간의 연결망의 변화 가능성을 신경가소성이라고 한다(Keysers & Gazzola, 2014). 새로운 정보를 처리하기 위해서 신경세포 간의 연결 구조에 변화가 생기는 이유는 '함께 활성화되는 신경세포들은 함께 연결된다(Fire together, Wire together)'는 명제로 설명이 된다.

인간의 뇌는 전 생애를 통하여 환경에 보다 잘 적응하고자 뇌의 구조와 기능에 변화를 주면서 뇌의 작동방식에 변화를 거듭한다(Doidge, 2007; Hensch & Bilimoria, 2012). 이러한 신경가소성 덕분에 체계적이고 반복적인 자극을 통하여 우리는 뇌의 특정 신경세포 간의 연결을 약화하거나 강화할 수 있다. 이러한 연결성의 변화는 종종 인간의 행동방식과 성취 역량 등에 큰 영향을 준다. 그러므로 인간의 지능이나 능력은 정해져 있지 않다. 심지어 성인이 된 다음에도 인간의 지능은 얼마든지 변화할 수 있고 향상될 수 있다.

# 2. 성장 마인드셋

사람들이 인간의 지능과 능력을 바라보는 시각에는 두 가지가 있다. 인간의 지능은 고정된 것이라서 바꾸기 어렵다는 '고정 마인드셋'과 지능이 발전 가능하다고 보는 '성장 마인드셋'이다. 성장 마인드셋의 사람들은 인간의 노력으로 얼마든지 인간의 지능이나 능력이 변화 가능하다고 믿는다. 이는 곧 지능의 '발달이론(incremental theory)'과 통한다. 성장 마인드셋의 학생들은 인간의 능력과 지능이 발전할 수 있다고 믿으므로 능력이 고정적이라고 생각하는 학생들보다 훨씬 더 많은 노력을 기울일 수 있다. 즉, 노력하면 자신이 향상될 것이라고 믿기 때문에 '노력할 수 있는 것'이다.

성장 마인드셋의 학생들은 시험을 못 보거나, 실패를 해도 남들의 시선에 별로 신경을 쓰지 않는다. 남들에게 끊임없이 자신을 증명해 보일 필요가 없다. 왜냐하면 자신은 늘 변화가 가능하기 때문이다. 지금은 문제를 잘 못 풀고 헤맨다고 해도 노력하면 장차 나아질 것을 알기 때문이다. 이들은 열심히 노력하면 언젠가는 이전에 못 풀었던 어려운 문제들도 풀 수 있게 될 것이라고 믿는다. 성장 마인드셋의 사람들에게 실패는 패배가 아니다. 새로운 것을 배우는 기회이다. 이들은 새로운 것을 배우고 도전하는 데 초점을 둔다(Bandura & Dweck, 1985; Dweck, 2000; Dweck & Leggett, 1988). 이들은 계속해서 어려운 과제들에 도전하여 자신의 역량을 향상시키는 것이 성공으로 가는 길이라고 생각한다. 이와 같이 성장 마인드셋의 사람들은 향상해 나간다. 뇌과학적 연구들을 통하여 살펴보면 성장 마인드셋은 신경가소성과 통한다. 신경가소성은 뇌에 새로운 자극을 반복적으로 주면 뇌 신경세포 간의 연결 네트워크인 신경망의 변화가 가능하다는 이론이다(Keysers & Gazzola, 2014). 그러므로 새로운 것을 적극적으로 배우면서 뇌에 자극을 주면 인간의 지능이 발전한다는 것은 뇌과학 연구에서도 기본 명제인 것이다. 다음의 예시들은 성장 마인드셋을 바탕으로 자신의 일, 자신의 삶을 열심히 살아간 사람들에 대한 것이다.

다 내 잘못일 수도 있겠다.
너희에게 농구가 쉽다는 인상을 주었을 수도 있었겠다.
사실 농구는 쉬운 게 아닌데 말이야.
나의 명성이 코트 위에서 이루어진 것이라는
잘못된 생각을 주었을 수도 있겠다.
사실은 체육관에서 비롯된 것인데 말이지.
나의 농구 경기력의 비결이 열정이 아니라
화려한 기술들 덕분이라고 잘못 생각할 수도 있겠다.

나의 실패들이 나를 강하게 만들어 주었다는 사실을 너희들이 몰랐던 것도
나의 아픔들이 나에게 동기를 부여했다는 사실을 너희들이 몰랐던 것도
내 잘못일 수 있겠구나.

내가 농구에 천부적인 재능이 있다는 잘못된 인상을
너희들에게 주었을지도 모르겠다.
사실 나의 성공의 비결은 '엄청난 노력'인데 말이야.

내 인생 단 하루도 빠짐없이

나는 연습하고 또 연습했다.
농구가 너무 쉬운 듯 보이도록 해서
내가 농구를 도리어 망가뜨렸을 수도 있겠다.
혹은 너희가 연습은 안 하고 이리저리 핑계를 대는 것일 수도 있다.
다 내 잘못일 수 있다.
하지만 확실한 것은
전설이 되고 싶다면
연습하고 또 연습하라.

shahtoosh. (2008. April 19). *Michael Jordan 'Maybe It's My Fault' Commercial*[Video]. YouTube. https://www.youtube.com/watch?v=9zSVu76AX3I.

위대한 이론물리학자, 상대성이론의 창시자, 알베르트 아인슈타인은 3세까지 말을 잘 못했다. 인지적 발달이 늦어서 7세까지도 어눌하여 간단한 심부름도 잘 못하였다. 청소년기에 수학과 물리학 공부를 잘하는 편이었으나, 취리히 연방 공과대학 입학 시험에는 낙방하였고, 1년 후 재수하여 취리히 대학에 다시 입학하였다. 그는 물리학을 전공하였으나 불성실한 태도 때문인지 교수가 추천서를 써 주지 않아서 전공인 물리학 방면으로 취업을 하지 못하였다. 동기들 중에서 물리학 방면으로 커리어를 갖지 못한 사람은 아인슈타인 박사뿐이어서 이는 그에게 상당히 심적으로 충격적인 일이었을 것이다. 그는 보험회사에서 일하다 해고를 당했다. 친구의 도움으로 가까스로 특허청에서 일하게 되었다. 1인당 연간 300여 건의 특허를 처리하는 특허청 상황에서 연구를 계속하기는 쉽지 않았다. 그러나 아인슈타인은 특허국 직원으로 일하는 동안에도 발명품을 검사하지 않는 시간에는 꾸준히 연구를 계속하였다. 거듭되는 실패에도 굴복하지 않고 그는 계속해서 물리학 논문들을 발표하였다. 결국 1905년 아인슈타인 박사는 빛이 에너지 덩어리로 이루어져 있다는 광양자설, 물리적 시공간에 대한 물리학의 기존 방향을 완전히 뒤엎은 논문들을 발표하였다. 이후 그는 세계적인 물리학자로서 인정을 받았으며, 1913년에 베를린대학 교수로 임명되었다. 이어서 1921년에 광전효과 연구와 이론물리학 연구에 기여한 업적으로 노벨 물리학상을 수상하였다. 독일의 히틀러 정권이 유대인을 추방하기 시작하자, 1933년 아인슈타인은 독일을 떠나서 미국 프린스턴 고등연구소 교수로 취임하였다. 제2차 세계대전 중 히틀러 정권이 원자폭탄 연구에 집중하자, 아인슈타인을 비롯한 미국의 과학자들은 원자폭탄의 필요성을 루스벨트 대통령에게 알렸다. 그리하여 미국에서 원자폭탄 연구가 시작되었다.

아인슈타인은 새로운 것을 배우고 독창적으로 연구하는 데 특별한 즐거움을 느꼈다. 그는 대학에 낙방하였을 때에도, 동기들이 모두 물리학 교수나 연구원이 될 때 혼자만 직업을 구하지 못할 때에도, 어렵게 특허국의 직원이 되어서 엄청난 분량의 특허 일을 해야 할 때에도 물리학 연구를 놓지 않았다.

만약 인간에게 발전 가능성이 없다면 아인슈타인은 발달이 느리고 대학 시험에 실패한 사람, 보험회사에서 해고 당한 직원으로 생을 마쳐야 한다. 그러나 아인슈타인은 거듭된 실패, 동기들 중 혼자만 낙오하는 모욕적인 순간들이 계속되어도 포기하지 않고 꾸준히 물리학 연구를 계속하였다. 아인슈타인은 자신의 발전 가능성을 믿었다. 스스로를 믿고 연구에 매달린 나날들 속에서 결국 그는 인류에게 큰 영향을 주는 위대한 물리학이론들을 제시했다.

앞에서 살펴본 마이클 조던 역시 그 화려한 영광의 뒤에 엄청난 실패들이 있다. 농구의 전설 마이클 조던이 좋아한다고 알려져 있는 나이키 광고 문구에 다음과 같은 구절이 있다. “나는 9,000번 이상의 슛을 실패했습니다. 나는 거의 300번의 경기에 패했습니다. 나는 경기에 이기기 위하여 던진 마지막 슛을 26번 실패했습니다." 농구의 전설도 이와 같이 많은 실패를 하였다. 하물며 보통 사람들은 얼마나 많은 실패를 하며 살아갈 것인가. 마이클 조던은 앞의 나이키 예시에서 자신의 성공의 비결, 전설이 된 비결을 한마디로 설명한다.

"연습하고 또 연습하라."

## 3. 고정 마인드셋

성장 마인드셋과는 대조적으로 일부의 사람들은 인간의 지능이 고정적이라고 생각한다. 이들은 인간의 발전 가능성을 믿지 않는다. 똑똑하다고 판정 난 사람은 '똑똑이'로 고정, 뒤떨어진다고 판정 난 사람은 '낙오자'로 고정된다고 생각한다. 학자들은 이와 같은 견해를 '실체이론(entity theory)'이라고 부른다. 즉, 지능은 바꿀 수 없고, 실체가 있는 것으로 여기기 때문이다(Bandura & Dweck, 1985; Dweck, 2000; Dweck & Leggett, 1988). 당연하게도 실체이론, 고정 마인드셋에 갇힌 사람들은 실력이 부족해도 노력을 하지 않는다. 왜냐하면 노력을 해도 소용이 없다고 생각하기 때문이다. 지능이나 능력이 높으면서 고정 마인드셋에 빠진 사람들도 많다.

'난 잘하는 사람이야'라고 스스로를 고정해 놓으면 자신감을 가져서 바람직한 것이 아닌가 하고 의문을 가질 수도 있다. 그러나 그러한 생각은 명백한 오류이다. 아무리 자신감을 갖고 열심히 잘 해낸다고 해도 인간은 누구나 실수와 실패를 한다. 고정 마인드셋에 갇힌 학생들은 자신의 실수나 실패에 전전긍긍한다. 왜냐하면 고정 마인드셋의 견해에서 인간의 능력은 고정되어 있는 것으로서 하나의 완성품이지 '발전 중'일 수 없는 것이다. 그러므로 실수를 했다는 것은 '능력이 뛰어난 사람이 아니라는 증거'가 되는 것이다. 실수나 실패는 고정 마인드셋의 사람들에게는 회복 불가능한 좌절이다. 그래서 고정 마인드셋의 사람들은 필사적으로 자신의 부족함을 감추려고 든다. 자신의 실수를 스스로만 알 때는 세상에 들통이 날까 매우 불안하다. 예컨대, 시험을 망치면 불안감이 극도에 달해서 주요 타인들에게 성적표를 감추거나 거짓말을 한다.

그래서 고정 마인드셋에 갇힌 학생들은 '실패할 수도 있을 것 같은 도전적인 일(challenging task)'은 회피한다. 학습의 측면에서 사람들은 자신의 현재 수준보다 약간 높은 수준의 도전적 과제들을 통해서 효과적으로 배운다. 원래 도전적 과제가 흥미도 있고, 실력도 키워 준다. 그런데 고정 마인드셋의 학생들은 낙오자로 꼬리표가 달릴까 봐 이 흥미로운 도전적 과제를 피해 다닌다. 성장 마인드셋의 학생들이 도전적 과제를 찾아다니며 배움의 기회를 쌓는 동안, 고정 마인드셋의 학생들은 자신의 수준보다 쉬운 문제들을 풀며 안전하게 '똑똑이'의 평판을 유지해 가려고 한다. 결국 고정 마인드셋의 학생들은 소중한 배움의 기회들을 잃는다. 나날이 실력이 향상되는 성장 마인드 셋의 학생들보다 실력이 낮아진다.

# 긍정의 뇌,
# 긍정적 정서 고찰

1. 긍정적 정서
2. 긍정의 뇌
3. 긍정적 정서의 효과

# 1. 긍정적 정서

"IMF가 터지고 넉넉했던 집안 형편이 갑자기 어려워졌어요. 하지만 어려운 형편에도 어떻게든 저를 제대로 공부시키려고 애쓰시는 어머니를 보면서 정말 열심히 공부했어요. 제가 공부를 잘해서 성공하는 것만이 우리 집안이 다시 일어서는 길이라고 생각했어요. IMF 이전의 저를 생각해 보면 그냥 철부지였어요. 제가 생각해도 IMF를 겪으며 제가 갑자기 철이 들었어요. 어려움이 제게는 도리어 소중한 기회가 되어 준 것 같아요."

학부생들을 가르치다 보면 자신이 명문대에 입학한 비결이 부모님의 덕분, 어머니의 정성 덕분이라고 이야기하는 것을 자주 본다. 객관적으로 볼 때 집안 형편이 갑자기 어려워지는 것이 자신의 발전에 도움이 되는 일은 아니다. 하지만 긍정적이고 진취적인 사람들은 이 어려움을 발전의 기회로 삼는다. 같은 학생을 놓고 긍정적 교사는 '활달하고 교실 분위기를 띄워 주는 학생'이라고 지각하는 반면, 부정적 교사는 '주의산만하고 수업을 방해하는 학생'이라고 받아들인다. 똑같은 직원도 긍정적인 보스는 '신중한 직원'으로 지각할 때에, 부정적인 보스는 '갑갑한 직원'으로 지각한다. 전쟁 중, 사방에 적이 둘러싸고 있는 포위 상태에서 보통 사람들은 '이제 죽었다'라고 생각한다. 그러나 긍정적인 사람들은 '사방이 적이구나. 좋아! 이제 어느 쪽으로 총을 쏘아도 된다'라고 생각한다.

이와 같이 긍정적 정서의 사람들과 부정적 정서의 사람들은 그 상황을 이해하는 방법이 완전히 다르다. 긍정적 정서의 사람들은 실패를 딛고 다시 일어나지만, 대조적으로 부정적 정서의 사람들은 아예 과업을 그만두어 버린다. 애당초 실패할 수도 있는 일은 회피해 버리는 것이다.

긍정적 정서는 부정적 정서가 불러오는 다양한 부작용을 순식간에 완화시킨다. 특히 긍정적 정서는 스트레스를 즉각적으로 감소시켜 주는 효과를 갖는다. 스트레스는 인간 뇌의 변연계, 특히 편도체(amygdala)와 밀접하게 관련되어 있다. 그러므로 스트레스를 받으면 문제해결능력이 현저히 저하된다. 그런데 긍정적 정서는 이와 같은 스트레스의 부정적 영향을 감소시켜서 문제해결능력을 향상시켜 준다.

긍정적인 뇌는 정보처리의 루트가 긍정의 방식으로 자동화되어 있다. 반면, 부정적인 뇌는 부정적인 방식으로 정보처리 루트가 활성화되어 있다. 동일한 사건에 대해서도 긍정적인 뇌는 자동적으로 긍정적인 정보처리 루트가 작동하고, 부정적인 뇌는 부정적인 방식으로 정보처리 루트가 작동한다. 긍정적 정서가 유발되면 사람들은 사고력이 확장되고, 사고에 융통성이 생겨서 원만하게 판단한다. 반면, 부정적 정서가 유발되면 사람들은 경직되고 시야가 좁아져서 어리석은 판단을 내리기 쉽다. 예를 들어, 엄하게 규율을 지켜야 하고 이를 어기면 다그치고, 모욕을 주는 조직에서는 구성원들이 일상적으로 부정적 정서에 노출되어 있다. 엄격한 조직에서 부정적 정서에 노출되어 있는 구성원들은 원만한 사고를 하지 못한다. 규율대로만 한다. 이를테면 부정적 정서의 구성원들은 비가 오는 날에도 규정에 정해진 대로 오후 3시가 되면 스프링클러를 튼다. 처벌을 피하려는 부정적 정서 속에서는 '비가 오니 스프링클러를 작동할 필요가 없다는 매우 상식적인 사고'도 이루어지지 못한다.

긍정적 정서는 동기와 밀접하게 연관되어 있다. 동기와 가장 강력하게 관련이 있는 요인은 보상인데, 보상의 주요 기능은 '긍정적 정서'를 유발하여 목표행동의 빈도를 높이는 것이기 때문이다(Schultz, 2004). 긍정적 정서는 사람들이 자신의 주변 환경을 바람직한 방향으로 받아들이고 평가하는 의식 상태로서 부정적 정서와 대비된다. 또한 쾌락이 흔히 긍정적 정서와 혼용되기도 한다. 그런데 쾌락과 긍정적 정서는 뚜렷이 구분할 수 있다. 긍정적 정서는 자극에 대한 '주관적 평가'라는 인지적 요인이 포함되고, 외적인 자극이 없이도 종종 발생한다. 반면, 쾌락은 주로 신체적 자극에 의해서 발생하며, 일시적이고 즉각적인 반응이다. 긍정적 정서의 사람들이 더욱 끈기 있게 자신의 과업을 지속하고, 더 많이 성공한다. 그리고 무엇보다도 긍정적 정서의 사람들은 과업의 과정이 행복하다.

## 2. 긍정의 뇌

뇌과학 연구들을 단순하게 요약하여 살펴보면 사람들이 긍정적 정서 속에 있을 때에 내측전전두피질(mPFC)이 활성화된다. 내측전전두피질은 논리적이고 이성적인 정보처리를 담당하는 뇌 영역이다. 내측전전두피질은 뇌의 다양한 기능을 통합하는 영역이기도 하다. 보다 구체적으로 내측전전두피질은 갈등 관리를 포함하는 의사결정(Botvinick et al., 2004), 보상과 위기 관리와 관련한 의사결정(Hong et al., 2019; St. Onge & Floresco, 2010; van Holstein & Floresco, 2020), 위태롭지만 충동적이지 않은 선택(Stopper, Green, & Floresco, 2014), 적절하고 유연성 있는 의사결정(Rivalan, Coutureau, Fitoussi, & Dellu-Hagedorn, 2011; Paine, Asinof, Diehl, Frackman, & Leffler, 2013), 해마와 연결하여 인지적 · 정서적 자기 조절과 기억의 공고화(consolidation; Horner et al., 2014; Li, Long, & Yang, 2015; Park et al., 2021), 사고력과 관련한 작동기억(Barbey, Koenigs, & Grafman, 2013) 등을 수행한다.

특히 내측전전두피질은 마음 근력과 관련하여 가장 중요한 뇌 영역이다. 내측전전두피질은 '이성적인 뇌'인 전두엽의 맨 끝에 위치하면서 '감정의 뇌'인 변연계와 맞닿아 있다. 변연계의 편도체는 공포와 관련한 대표적인 뇌 영역이다. 내측전전두피질과 편도체가 강한 연결을 보일수록 감정조절, 위기관리능력이 뛰어나며(De Pisapia, Barchiesi, Jovicich, & Cattaneo, 2019; Jung, Lee, Lerman, & Kable, 2018), 내측전전두피질은 편도체와 제로섬의 관계, 시소 관계를 갖는다. 즉, 사람들은 공포에 질리면 편도체가 활성화되고, 편도체가 활성화되면 이성적인 정보처리를 담당하는 내측 전전두피질이 비활성화된다. 내측전전두피질은 편도체를 안정화해서 감정을 조절하고 회복탄력성을 발휘하는 데 핵심적인 역할을 한다(김주환, 2023; Chen et al., 2018). 다시 말해서 내측전전두피질의 활성도가 높고 편도체와의 연결성이 강하여 편도체를 효과적으로 안정화시킬수록 감정조절이 더욱 잘된다. 그러므로 뇌과학 측면에서 보면 사람들이 공포에 노출되어 있는 부정적 상황에서 공부를 한다든지, 원만한 의사결정을 내리는 것은 거의 불가능한 일이다. 사람들은 긍정적 정서 속에서 내측전전두피질이 활성화되어야 뇌의 다양한 기능을 통합하면서 원만한 의사결정과 자기조절 및 기억의 공고화 등이 원활하게 일어나고 동기유발도 비로소 가능해진다.

또한 뇌과학 선행연구들은 긍정적 정서와 관련하여 도파민 연구가 활발하게 이루어져 왔다. 도파민은 신경전달물질로서 감정의 뇌인 변연계의 복측피개영역(Ventral Tegmental Area: VTA)에서 만들어지고, 담창구(globus pallidus)를 거쳐서 측중격핵(Nucleus Accumbens: NAcc)으로 전달된다. 도파민은 보상이나 쾌락과 관련이 있지만, 운동이나 습관 등의 단순한 학습에서도 중요한 역할을 하는 신경전달물질이다.

## 3. 긍정적 정서의 효과

다양한 선행연구가 인지적 · 사회적 · 신체적 측면에서 긍정적 정서의 효과를 입증한다. 이를 보다 구체적으로 살펴보면 다음과 같다.

### 1) 긍정적 정서의 인지적 효과

긍정적 정서를 유발하면 뇌의 기능적 연결성을 보다 활발하게 하여 사고를 확장시켜 주고 문제해결능력을 향상시켜 준다. 또한 긍정적 정서 속에서 이루어지는 배움은 그 과정 자체가 즐겁다. 그러므로 긍정적 정서 속의 배움은 과제 집중력과 지속력을 가져온다.

이는 자연스럽게 장기적으로 학업성취도 향상으로 이어진다. 긍정심리학의 권위자인 바버라 프레드릭슨(Barbara Fredrickson) 교수는 '확장과 수립 이론(broaden and build theory)'을 제시하며, 긍정적 정서를 강조하였다. 프레드릭슨에 따르면 긍정적 정서 유발은 사람들의 사고의 폭을 넓고 깊어지게 해 주며, 보다 창의적으로 의사결정하고, 배우고자 하는 동기도 강하게 해 준다. 프레드릭슨 교수 연구팀의 연구들에 따르면, 긍정적 정서의 사람들은 사고가 확장되어서 더욱 많은 양의 정보를 빠르게 습득하며, 주도적인 도전을 한다(Fredrickson, 1998, 2001, 2013).

긍정적 정서 연구의 대가인 코넬 대학의 앨리스 아이센(Alice M. Isen) 교수 연구팀도 수십 년간 일련의 연구들을 통하여 사람들이 긍정적 정서를 경험할 때에 사고의 유연성이 높아지고, 창의적 문제해결능력이 확장된다는 연구 결과들을 보고해 왔다. 이를테면 아이센 교수 연구팀은 학생들을 두 집단으로 나누어서 한 집단에는 논리적 사고를 요구하는 수학에 대한 동영상을 보여 주었다. 실험 집단에는 5분 동안 흥미로운 코미디를 보여 주었다. 깔깔대고 웃으며 즐거운 마음으로 코미디를 본 집단은 75%가 10분 만에 문제를 풀었다. 반면, 수학에 대한 동영상을 본 집단은 25%만이 10분 만에 문제를 풀었다. 코미디 영화를 보면서 즐거워하며 긍정적 정서가 유발된 것이 인지적으로 이와 같은 변화를 가져왔다(Isen, Daubman, & Nowicki, 1987). 또한 긍정적 정서를 유발하면 사람들은 중성적 단어에 보다 다양한 연합을 창의적으로 생각해 낸다(Isen, Johnson, Mertz, & Robinson, 1985). 긍정적 정서에서 사람들은 보다 유연성 있게 사람들의 카테고리, 물질들의 카테고리를 만든다(Dovidio, Gaertner,

Isen, & Lowrance, 1995; Isen & Daubman, 1984; Isen, Niedenthal, & Cantor, 1992). 긍정적 정서가 유발되면 학생들은 창의성 테스트인 원격 연합 테스트(Remote Associates Test: RAT)에서 보다 높은 성취를 나타냈다(Isen et al., 1987). 긍정적 정서는 조직에서의 의사결정, 갈등해결, 팀 활동 등에도 긍정적 효과를 나타내는 것으로 보고되었다(Isen & Baron, 1991; Kraiger, Billings, & Isen, 1989).

아이젠과 그의 동료들(Ashby, Isen, & Turken, 1999)은 긍정적 분위기가 어떻게 인지적 영역에 영향을 주는지의 메커니즘을 밝히기 위하여 뇌과학적 연구도 수행하였다. 연구 결과, 긍정적 정서가 유발되면 뇌의 도파민 분출량이 증가하였다. 도파민의 증가는 장기기억, 작업기억, 창의적 문제해결능력을 향상시켰다. 이를테면 전측 대상회(anterior cingulate)에서의 도파민 분출량이 증가하면서 인지적 융통성이 커지고, 인지적 조망의 선택이 보다 활발해졌다.

보다 높은 수준의 긍정적 정서를 경험하는 학생들은 학교 수업에 더욱 잘 집중하였다(King, McInerney, Ganotice, & Villarosa, 2015). 심리학 입문 강좌를 수강하는 학부생 213명을 대상으로 수행한 연구에 따르면, 자부심과 희망의 긍정적 정서를 지닌 학생들은 보다 뛰어난 성취를 나타냈다. 반면에 지루함, 불안, 분노 등의 부정적 정서의 학생들은 낮은 학업성취도를 나타냈다(Pekrun, Elliot, & Maier, 2009). 또한 긍정적 정서 속에서 사람들은 보다 창의적이라고 평가되는 예술 작품들을 생성했다(Hirt, Melton, McDonald, & Harackiewicz, 1996).

인간의 기억도 보상 효과가 있다고 생각하는 정보, 긍정성의 효과가 있는 정보를 더욱 잘 기억한다. 보상이 약속되는 상황에서 인간의 뇌는 곧바로 중뇌의 보상 영역과 해마가 신호를 교환하고 정보를 받아들이기 위한 준비를 시작한다. 이때 중뇌에서 도파민이 분비되면서 의욕과 동기부여의 역할을 한다(Adcock, Thangavel, Whitfield-Gabrieli, Knutson, & Gabrieli, 2006; Chiew, Stanek, & Adcock, 2016).

학습의 과정에서 스트레스를 받는 부정적 상황에서 사람들은 고차원적인 사고를 요구하는 학습을 회피한다. 뇌과학적으로 살펴보면 사람들은 스트레스를 받으면 정보를 시상과 편도체를 통하여 대뇌에 전달한다. 이와 같은 방식의 전달은 기계적 학습, 단순 암기 등의 저차원적인 사고를 요구하는 과제의 수행에는 문제가 없다. 그러나 고차원적인 사고, 창의성 발휘 등은 매우 어렵다. 그러므로 고차원의 사고력을 요구하는 학습을 위해서는 스트레스가 없는 상황, 긍정적 정서가 유발되는 상황이 바람직하다. 극단적으로 우울증 환자의 해마는 비정상적으로 활동하고, 활동도 위축된다. 우울증은 스트레스가 심한 상태이기 때문에 해마가 정상적으로 기능하지 못하고 위축된다. 해마는 뇌의 저장 버튼이다. 해마가 없으면 새로운 기억을 생성할 수 없다. 그러므로 우울증 환자는 의사결정이나 계획 세우기 등의 고차원적인 사고가 어렵다(LeDoux, 1996; Jensen, 2000; MacQueen & Frodl, 2011; Sheline, Sanghavi, Mintun, & Gado, 1999). 반면에 긍정적 정서는 전두엽과 전측 대상회피질의 활성화를 촉진하고 도파민의 분비를 증가시켜서 고차원적인 사고를 향상시킨다(Ashby, Isen, & Truken, 1999; Chiew & Braver, 2014; Leon & Shadlen, 1999). 사람들은 긍정적인 상황에서 보다 적극적으로 인지 활동을 하며, 고차원적인 사고가 가능하다.

## 2) 긍정적 정서의 사회적 효과

긍정적 정서는 어머니와 아이의 교감, 사랑뿐 아니라 모든 우정과 사랑, 관계의 기반이 된다. 사람들은 행복한 사람의 옆에 있기만 해도 좋은 일이 생길 것 같은 강력한 느낌을 갖는다. 실제로 긍정적인 사람들은 타인의 실수에 대해서 훨씬 관대하고, 융통성 있게 사고한다. 같은 조건, 같은 상황에서 긍정적인 사람들이 부정적인 사람들보다 열정, 호기심, 독립심, 끈기, 문제해결능력 등을 포함한 모든 측면에서 뛰어나다. 그래서 사람들은 긍정적인 사람들에게 호감과 매력을 느끼고 자석처럼 끌린다. 뇌과학적 측면에서 보면 감정조절의 핵심 영역인 내측전전두피질의 신경망이 발달할수록 타인과 사회적 관계를 잘 맺는다. 다시 말해서 나 자신의 행복에 대한 정보, 나와 타인에 대한 긍정적 정보, 타인에 대한 긍정적 정보처리는 내측전전두피질의 신경망 연결이 주로 관여한다. 그리고 긍정적 정보에 대한 뇌 연결이 활성화된 사람들일수록 사회적 관계를 잘한다.

반면에 사람들은 부정적인 사람들을 피한다. 실제로 부정적인 사람들은 타인의 실수에 대해서 민감하다. 실수하는 순간의 뇌파 신호를 분석하는 실수관련부적전위(Error-Related Negativity: ERN)를 활용하여 실험한 연구들을 살펴보면 부정적인 사람들은 타인의 실수에 너그럽지 않고 예민하게 군다. 게다가 부정적 정서의 사람들은 타인의 실수에 민감하지만, 막상 문제점 해결에는 소극적이다. 또한 부정적인 사람들은 타인의 장점을 제대로 평가해 주지 않고 왜곡한다. 부정적인 사람들의 정서의 하강 곡선은 함께하는 사람들에게도 전염되어 함께할수록 자신의 기분도 가라앉는다. 그러므로 부정적인 사람들은 친구로서 매력이 없다.

긍정성과 사회적 관계에 대한 선행연구들에 따르면, 긍정적인 사람들은 보다 원활하게 상대방과 의사소통한다. 소통을 잘하는 사람들은 언제나 인기가 있다. 소통을 잘하는 사람들은 상대방이 원하는 바를 안다. 또한 상대방이 말하기 싫어하는 부분, 가리고 싶어 하는 부분도 이해한다. 그들은 상대방의 핫 버튼을 함부로 누르지 않는다. 긍정적인 사람들은 사고가 넓고 균형이 잡혀 있어서 사람들과의 관계도 원만하다. 그러나 부정적인 사람들은 사고가 편협하여 사람들과의 관계도 원만하지 못하다. 긍정적 정서가 유발되면 사람들은 다른 사람들을 더욱 잘 도와주고, 사회적으로 행동한다(Batson et al., 1979; Burger & Caldwell, 2000; Isen & Levin, 1972; Watson, Clark, McIntyre, & Hamaker, 1992). 또한 사람들에게 보다 관대하고, 호감을 잘 표현하며, 더욱 협력적이다(Carnevale & Isen, 1986; Isen, 1970).

긍정심리학의 대가인 에드워드 디너와 마틴 셀리그먼이 222명의 학부생을 대상으로 수행한 공동연구에서 그들은 가장 행복한 집단(very happy group)은 평균 혹은 행복하지 않은 집단과 '사회적 관계(social relationship)'에서 결정적 차이가 있음을 밝혀 냈다. 그들은 임의로 선정한 222명의 학부생에게 여섯 가지 검사를 실시하였다. 그리고 그들이 행복을 느끼는 상황들을 측정하였다. 이러한 과정을 통하여 실험 참여자들을 행복의 정도에 따라서 구분하였고, 상위 10%의 학생들을 가장 행복한 집단으로 분류하였다. 가장 행복한 집단의 학생들은 남들과 어울려서 사회적 활동을 하는 시간이 대인관계가 활발하였다. 가장 행복한 사람들은 불행한 사람들보다 친구가 더 많고 단체 활동에 참여하는 비율도 높았다(Diener & Seligman, 2002).

해당 연구를 통하여 마틴 셀리그먼은 긍정성이 높은 사람들의 대인 관계가 활발함을 밝혀 냄은 물론이고, 긍정적 정서가 높은 사람들일수록 자기중심적 사고에서 벗어나서 다른 사람들을 위하여 의미 있는 일을 하고 싶어 한다는 것을 발견하였다(Seligman, 2002). 이는 흔히들 생각하는 것처럼 어려움을 겪은 사람들이 불행한 사람들에게 공감을 더욱 잘할 것이라는 통념을 깨는 연구 결과이기도 하다.

'확장과 수립 이론'의 프레드릭슨 교수는 학부 1학년 학생 247명을 대상으로 한 연구를 통하여 긍정적 정서가 유발되면 사람들이 타인에 대하여 보다 깊은 이해(self-other overlap)를 하게 되고, 따라서 더욱 원만한 관계를 맺음을 제시하였다. 또한 긍정적 정서가 유발되면 사람들은 보다 복합적으로 타인에 대하여 이해할 수 있었다(Waugh & Fredrickson, 2006).

저자와 동료들이 성인 참가자 40명을 대상으로 수행한 fMRI 연구가 이와 같은 긍정적 또는 부정적 정서에 대한 뇌과학적 근거 자료를 제시한다. 해당 연구에 따르면 자신에 대하여 부정적인 피드백을 받을 때, 삶의 만족도가 높은 사람들일수록 삶의 만족도가 낮은 사람들보다 훨씬 더 적극적인 신경연결(neural correlate)을 나타냈다. 즉, 삶의 만족도가 높은 사람들은 자신에 대한 부정적인 반응을 처리하기 위하여 삶의 만족도가 낮은 사람들보다 더욱 활발하게 뇌 활동을 수행하였다. 다시 말해서 삶의 만족도가 높은 사람들이 부정적 자극에 대하여, 즉 작은 역경에 대하여 보다 적극적으로 잘 대처하였다(Kim et al., 2016). 이와 같은 연구 결과는 삶의 만족도가 높은 사람들, 즉 긍정적 정서가 높은 사람들이 부정적 상황에서 보다 높은 대처능력을 보임을 제시한다. 반면에 만족도가 낮은 사람들, 부정적 정서가 높은 사람들은 타인의 실수에 대해서 민감하면서도 막상 작은 역경 자체에 대해서는 대처하기보다는 소극적으로 회피하는 신경연결을 나타냈다.

살펴본 바와 같이 사람들은 본능적으로 긍정적인 사람들에게 끌리고, 부정적인 사람들을 피한다. 그리고 실제로 긍정적인 사람들은 주변 사람들에게 너그럽게 대하고, 어려움은 적극적으로 해결하려고 노력하면서 주변의 사람들에게도 긍정성을 확장한다. 즉, 긍정적인 사람들 주위에 있는 사람들은 덩달아 자신의 긍정성도 높아지며 행복감이 향상된다. 주변 사람들이 함께 행복해지면 다른 사람들이 그들의 주위로 다가온다. 어느새 사람이 사람을 부르며, 긍정적인 사람 주위에 사람들이 모이게 된다. 긍정적 정서를 갖느냐, 부정적 정서를 갖느냐는 정해진 것이 아니다. 전적으로 자신의 선택이다.

### 3) 긍정적 정서의 신체적 효과

긍정성과 건강은 서로 선순환의 관계를 갖는다. 긍정적인 사람들은 부정적인 사람들보다 전반적으로 건강하고, 건강한 사람들은 긍정성이 높다. 프레드릭슨은 긍정적 정서와 건강이 "나선형 상승효과"를 갖는다고 제시하였다(Fredrickson & Joiner, 2002). 다양한 연구가 긍정적 정서와 건강을 증진시키는 행동들 간의 정적 관계를 보고하였다(Pressman & Cohen, 2005; Steptoe, Dockray, & Wardle, 2009). 긍정적인 사람들은 부정적인 사람들보다 60세가 넘어서의 건강상태와 생존율이 유의미하게 높았다(Chida & Steptoe, 2008; Pressman & Cohen, 2005). 긍정성이 높은 사람들은 더욱 생기 있고, 정신적으로도 건강했다(Achat, Kawachi, Spiro, DeMolles, & Sparrow, 2000).

사람이 건강하거나 아픈 것뿐 아니라 감정의 측면 역시 '몸'과 관련이 깊다. 사람들이 분노, 짜증, 공격성, 불안, 우울, 좌절 등의 감정을 겪는 것은 몸이 내부감각을 통하여 뇌로 올려 보내는 다양한 감각신호를 기반으로 하는 것이다. 통증과 감정의 기본 메커니즘은 똑같다. 감정조절의 원천은 몸에 있다. 마음이 아파서 몸이 아프고, 몸이 아파서 마음이 아프다. 만성통증 환자가 '나는 건강해질 거야. 이 병을 이겨 낼 수 있어'라고 긍정적으로 생각하면 실제로 통증이 줄어 든다. 약의 효능을 믿으면서 약을 복용한다든지, 치료 과정을 신뢰하면서 치료를 받으면 뇌에서 긍정적 사고의 루트를 거치게 된다. 그러면 뇌는 내부감각의 작은 변화들도 '통증 완화 신호'로 해석한다. 그리고 실제로 환자가 겪는 신체적 고통이 크게 줄어든다(김주환, 2023; Von Mohr & Fotopoulou, 2018). 암 환자들도 긍정적 정서가 유발되면 치료의 과정에서 삶의 질이 훨씬 향상된다(Collins, Hanson, Mulhern, & Padberg, 1992). 똑같은 병을 앓고 있어도 보다 긍정적 정서의 환자들은 응급실에 가는 횟수가 적고, 투약 양이 적고, 일 때문에 결근하는 횟수가 적었다(Gil et al., 2004).

행복한 사람들이 불행한 사람들보다 더욱 혈압이 낮고, 불안도 낮고, 면역성도 높았다. 심지어 행복한 사람이 건강에 대한 정보에도 더욱 높은 관심을 기울였다. 또한 긍정적 정서는 수면의 질을 좋게 하고, 충분히 수면을 취하게 해 주었다(Steptoe, O'Donnell, Marmot, & Wardle, 2008). 수면은 사람들의 건강을 위해서 매우 중요한 요소이다. 잠이 부족하거나, 수면의 질이 낮아지면 신체에 부정적 영향을 준다. 긍정적 정서와 수면 역시 상호호환적 관계를 갖는다. 긍정적 정서가 유발되면 잠을 잘 잔다. 또한 잠을 잘 자면 신체 리듬이 좋아져서 하루 종일 긍정적 정서가 잘 유발된다. 이와 같이 긍정적 정서는 사람들의 신체를 더욱 건강하게, 잘 기능하도록 해 준다. 또한 역으로 건강한 신체는 사람들을 더욱 긍정적으로 이끈다.

# 긍정적 정서와 동기유발에 대한 뇌과학적 접근

## 1. 긍정적 정서와 동기유발

동기(motivation)는 라틴어 동사 'movere(움직이다)'에서 기원하며, 목표 지향 행동을 유발하고 유지시키는 심리적 과정'으로 정의할 수 있다(Schunk, Pintrich, & Meece, 2013). 동기는 결과가 아니라 과정이기 때문에 동기 자체를 직접 관찰하기 어렵다. 동기 연구는 언어적 표현, 예를 들어 "나는 정말로 테니스 치기를 원한다"로부터 유추하기도 한다.

동기화된 행동은 유발되고 지속된다(instigated and sustained). 즉, 동기가 유발된 사람들의 대표적 특징은 '과제에 대한 노력과 끈기'를 보이는 것이다. 동기유발의 출발은 매우 중요하면서도 어렵다. 또한 어렵게 시작된 목표 행동을 지속적으로 유지하면서 발전시켜 나가는 것도 매우 중요한 과정이다. 이를테면 동기는 학교에서 '학생들이 무엇을, 언제, 어떻게 배우는가'에 결정적인 영향을 준다. 동기유발은 학습을 향상시킨다. 반면에 동기유발이 이루어지지 않은 학생들은 몸은 학교에 앉아 있어도 실제적인 학습은 거의 이루어지지 않는다. 동기와 학습 및 수행은 서로 영향을 주고받는다. 동기가 유발되면 학생들의 학습이 향상된다. 학생들의 학습이 발전하면 학생들은 학습에 홍미가 향상되어 더욱 열심히 공부하는 선순환을 갖는다(Pintrich, 2003; Schunk, 1995).

뇌는 동기와 정서의 중추이다. 뇌는 인지적 영역보다 동기의 뇌를 사용하는 것에 훨씬 더 큰 관심을 갖는다. 즉, 뇌는 '무슨 과제를 하고 있는가'보다 '특정 과제를 하기를 원하는가'에 더욱 강하게 관심을 갖는다(Gray, Braver, & Raichle, 2002). 동기를 뇌과학적 측면에서 살펴보면 동기는 ① 자신의 가치체계를 통한 의사결정 과정, ② 보상을 얻기 위한 학습 과정, ③ 미래의 목표지향적 행동을 유지하기 위한 조절 과정이다. 사람들은 긍정적 혹은 부정적 결과를 가져오는 행동들을 기억하면 적응에 유리하므로 자극-반응-결과의 연합을 학습한다. 이와 같은 연합이 반복되면 습관 형성이 이루어진다.

동기와 관련한 신경전달물질은 다음의 네 가지로 나누어 볼 수 있다(Reeve, 2018).

- **도파민**: 보상과 연합하여 좋은 느낌을 발생시킴(Montague, Dayan, & Sejnowski, 1996)
- **세로토닌**: 기분과 정서에 영향을 줌. 행복한 기억은 전방대상피질에서 세로토닌을 증진시킴. 전방대상피질이 자극되어 우울증 증상을 상당히 개선 가능(Cooney et al., 2010; Korb et al., 2009)
- **노르에피네프린**: 각성과 경계를 조절(Heimer, 1995; Robbins & Everitt, 1996)
- **엔도르핀**: 통증, 불안, 공포와 같은 부정적인 감정을 감소시키기 위해서 긍정적인 감정을 발생시킴(Wise & Rompre, 1989).

동기와 관련한 가장 강력한 변인은 보상이다. 보상체계는 긍정적인 정서를 제공하여 목표 행동의 빈도를 증가시킨다. 인간은 특정 자극과 보상의 연합을 학습하고, 지속적으로 보상을 얻기 위하여 행동을 결정한다(Schult, 2004). 보상은 매우 복합적인 과정이다. 보상

처리 기제는 다양한 뇌 영역에 걸쳐서 분산되어 있다.

보상체계의 회로는 신경전달물질인 도파민을 매개로 하여 신경의 흥분이 전달되는 회로이다. 즉, 보상체계의 회로는 사람들이 무엇을 하고 싶은 마음이 들 때나 기쁨을 느낄 때에 활성화되는 회로이다. 동기와 관련하여 가장 많은 연구가 이루어진 신경전달물질은 도파민이다. 보상체계의 회로는 중뇌의 VTA에서 시작하여 뇌 중심의 측핵을 거쳐서 전두엽으로 이어진다. 도파민은 VTA에서 분비되어 담창구를 거쳐서 선조체(striatum)의 NAcc로 전달된다. 도파민은 동기유발과 밀접하게 연관되어 있다. 특정 행동의 강화에서 도파민의 분비가 촉진되어 목표 행동의 빈도가 증가한다. 사람들은 보상이 주어질 것이라고 예상할 때에 도파민의 레벨이 높아진다. 그러다가 실제로 보상이 주어지면 도파민의 레벨이 급격히 낮아진다. 다시 말해서 사람들은 보상을 기대하며 희망으로 가슴이 뛸 때, 즉 긍정적 정서로 가득 차 있을 때에 도파민이 분출된다. 선행연구에 따르면, 유전자 조작으로 도파민 수용체가 둔감하게 된 원숭이는 보상을 예상해도 더 이상 노력하지 않는다. 도파민이 분출되지 않으면 사람들은 더 이상 노력하지 않는다. 이와 같이 긍정적 정서는 도파민을 분출하게 하여 인간의 동기유발을 향상시키며, 동기유발과 깊이 연관되어 있다(김주환, 2023; Ashby, Isen, & Turken, 1999).

보상체계와 관련한 뇌 영역은 전전두엽, 측좌핵, 뇌 중격, 편도체, 해마와 연결되는 중뇌변연계 도파민계와 중뇌피질 도파민계 등이다. 보상과 관련한 뇌 영역으로 주로 연구되는 뇌 영역은 안와전두피질(Orbitofrontal Cortex: OFC), 편도체와 측중격핵, 배외측 전전두피질(Dorsolateral Prefrontal Cortex: DLPFC), 내측 전전두피질(medical

Prefrontal Cortex: mPFC), 전측 대상회피질(Anterior cingulate cortex: ACC) 등이다(김성일, 2011; Armor & Taylor, 2002; Kringelbach et al., 2003; Rilling et al., 2002; Walter, Abler, Ciaramidaro, & Erk, 2005).

동기의 과정에서 사람들의 '원함(wanting)'과 '좋아함(liking)'은 동기 유지의 핵심 요인이다(Berridge & Robinson, 2003, 2016). '원함'은 보상을 받기 전에 발생하는 동기 상태이다. '좋아함'은 보상을 받은 후의 동기 상태이다. 전통적인 동기이론적 접근에서 보면 '원함과 좋아함'은 상호호환성(interchangeable)을 갖는다. 그러나 뇌과학적 접근으로 분석해 보면 이 둘은 서로 구분되는 뇌 기제를 갖는다. 뇌과학적 접근으로 보면 '원함'은 자극을 처리하기 전, 자극을 추구하는 능동적인 상태이다. '원함'은 동기의 한 형태이며, 광범위하고 확고한(robust) 뇌 체계로 이루어진다. '원함'은 충동과 같은 욕망의 상태가 아니다. '원함'은 감각적 · 인지적 차원에서 특정 자극이 매력적인 가치를 갖게 되는 과정이다. 원함은 행동의 방향을 의미하는 것이지, 강도를 의미하지 않는다.

뇌과학적 접근에서 '좋아함'은 자극을 처리한 후, 자극의 질을 평가하는 수동적 상태이다. '좋아함'은 상대적으로 더욱 작고 약한(fragile) 뇌 기전에 의해서 중재된다. '좋아함'은 도파민과 관련이 없다. 예를 들어, 도파민의 분비를 억제시키는 실험연구의 결과를 보면 보상을 원하는 행동은 나타나지 않는다. 그렇지만 보상을 좋아하는 정도는 여전하였다(Berridge & Robinson, 1998). 다시 말해서 도파민은 자극을 원하는 데에는 결정적인 역할을 한다. 그렇지만 특정 자극을 좋아하는 데에는 영향을 미치지 않는다. 연구에 따르면, 도파민이 부족하면 적은 노력이 필요한 과제를 선택하고 많은 노력이 필요한 과제 수행력이 저하되었다(Salamone, Correa, Farrar, & Mingote, 2007; Salamone, Correa, Mingote, & Weber, 2005). 즉, 도파민은 일차적 보상, 이차적 보상뿐 아니라 노력 관련 기능에 크게 관여하는 것으로 보인다.

이와 같이 뇌과학적 접근을 통하여 '원함'과 '좋아함'은 구분되는 것임을 확인할 수 있다(Berridge & Robinson, 1998, 2003; Dickinson & Balleine, 2002). 사람들은 좋아하지 않는 것을 원할 수 있다. 예를 들어, 약물에 중독된 사람들은 강력하게 약물을 원하지만 좋아하지는 않는다. 게임에 병적으로 중독된 사람은 게임을 원하지만 게임을 좋아하는 것은 아니다. 그러나 좋아함이 없는 원하기는 일시적이고, 부분적인 보상일 뿐이다. 높은 수준의 완전한 보상의 경험을 위해서는 '원함과 좋아함'이 함께 발생하는 것이 바람직하다. 이를테면 학생들이 특정 과업을 수행하는 것을 '원하고 좋아하면' 이는 교육적 측면에서 가장 바람직한 상태이다. 구성원들이 회사에서 일하는 것을 '원하고 좋아하면' 일의 생산성은 따라 오를 것이다. 그리고 무엇보다도 '원함과 좋아함'의 내적 상태 자체가 삶의 행복한 여정이자 목표가 될 것이다. 그러므로 동기유발에서 '원함과 좋아함'의 기본 요소를 깊이 고려하는 것은 바람직한 행동의 지속적 수행을 위해서 매우 중요한 과정이다.

## 2. 긍정적 정서 향상 전략

지금까지 긍정적 정서와 긍정적 정서의 효과 및 긍정적 정서와 동기유발의 관계에 대해서 살펴보았다. 긍정적 정서는 동기유발의 기반이 되어 준다. 이 장에서는 긍정성을 유발하고 발전시키는 실제적 방법을 살펴봄으로써 동기유발의 기초를 다지는 구체적인 방법에 대해서 살펴본다.

## 긍정적 정서 향상 전략 1: 감사의 습관

긍정심리학의 많은 연구가 사람들의 긍정적 정서의 향상을 위한 강력한 방법으로 꼽는 것이 '감사'이다. 감사하는 마음은 행복을 가져온다. 긍정심리학자들이 많은 행복연구를 수행하여 얻은 가장 큰 소득은 '감사'의 효과이다. 감사는 행복의 첫 번째 요건이다(Emmons, 2007; Seligman, 2002). 우리가 감사하기를 할 때에 특정 뇌 회로가 활성화된다. 도파민과 세로토닌이 증가하고 뇌의 긍정 루트가 활성화된다. 감사하기는 만족을 위한 약을 섭취하는 것과 같은 역할을 한다. 더 좋은 점은 감사하기를 통해서 이와 같은 긍정 루트의 뇌 회로가 작동하기 시작하면 이는 점점 더 강해지고 자동화된다. 이는 헵의 법칙(Hebb's Law)의 예시이기도 하다. 헵의 법칙은 "신경세포들은 연합하여 함께 활성화되고, 서로 연결이 강화된다(Fire together, Wire together)"는 법칙이다(Brown & Milner, 2003; Hebb, 1949; Trappenberg, 2002). 예를 들어, 우리가 처음으로 뉴욕의 학회를 간다고 하면 계획부터 예약과 일정 짜기 모두가 쉽지 않다. 하나하나가 생소하고 도전적이다. 그러나 두 번, 세 번 뉴욕의 학회를 가게 되면 많은 준비와 일정 짜기가 훨씬 수월해진다. 우리의 뇌에서 특정한 방식으로 신경세포가 활성화되면(neurons firing together) 다음번에는 적은 노력으로도 우리의 뇌가 자동적으로 알아서 처리해 준다(neurons wiring together). 반복을 통하여 우리의 뇌에서 뉴욕 학회 가기는 자동적으로 작동한다.

감사 역시 마찬가지이다. 처음에 감사일기를 적으려면 한 가지씩 정말 감사한 일들을 생각해 내는 데 상당한 노력이 필요하다. 학생들과 감사일기 실습을 하다 보면 대개의 학생들이 첫 번째부터 막히거나 한 가지를 겨우 적어 놓고 두 번째부터 어려워한다. 그러나 저자가 감사일기의 예시를 들어 주면서 조금만 도와주면 학생들은 빠른 속도로 감사할 일들을 떠올리기 시작한다. 그리고 반복할수록 감사할 일이 점점 더 많이 떠오른다. 나중에는 자동적으로 감사가 떠오르고, 심지어 매사에 감사하는 순간이 온다. 감사의 확장이다. 신경 세포들 간의 연결은 시냅스 활동의 전과 후의 상관의 정도에 따라서 비례적으로 증가한다. 우리가 자주 반복하는 생각, 느낌, 행동은 자동적이고 무의식적인 습관으로 굳어진다. 이는 바람직한 방향으로나 나쁜 방향으로나 마찬가지이다. 만약 우리가 부정적인 방향으로 문제를 바라보고, 이것이 반복되어 매우 쉽게 부정 루트를 작동하게 되면 우리는 부정적 사고방식이 습관이 된다. 그러나 '감사'는 우리가 부정적으로 문제에 집중하는 대신, 긍정적으로 문제를 '해결'하는 쪽으로 방향을 잡아 준다. 감사가 반복되면 이는 확장되어서 삶의 전반에 걸쳐서 긍정적인 사고를 하게 된다. 작은 일들에 감사하기를 계속하면 뇌의 긍정적 정보처리 루트가 자동화된다. 긍정적인 뇌는 더욱 많은 기회를 발견하고 자신의 창의성과 사고력을 최대한 끌어올린다.

감사가 가져오는 긍정적 결과는 다음과 같이 정리해 볼 수 있다.

- **보다 행복한 자신:** 감사는 보다 긍정적인 정서와 생각을 가져온다. 감사는 사람들이 스스로에 대해서 더욱 만족할 수 있도록 지지해 준다. 감사는 우리의 마음을 밝혀 주고, 우리를 더욱 행복하게 한다. 감사는 그 자체로서 우리에게 힐링이 된다.
- **보다 풍부한 사회적 관계:** 감사는 사람들이 타인에게 더욱 잘 공감하게 해 주고, 더욱 잘 의사소통하도록 돕는다. 그래서 감사하는 사람들은 타인과의 관계가 더욱 친밀해지고, 연계가 강해진다. 감사하는 사람, 긍정적 정서가 높은 사람들은 사람들의 호감을 산다(Emmons & McCullough, 2004; Gordon et al., 2012).
- **보다 건강한 자신:** 감사는 보다 강력한 면역체계를 지니게 해 주고, 신체의 고통을 감소시켜 준다. 적절한 혈압을 유지시키고 심장이 제 기능을 잘할 수 있도록 도와준다. 감사는 수면의 양과 질을 향상시켜 준다(Seligman et al., 2005).

## 긍정적 정서 향상 전략 2: 강점 집중

우리는 흔히 부족한 것에 집중한다. 부족한 것이 무엇인지 알아내어 부족한 부분을 채워 나가면서 자신을 향상시키려고 노력한다. 특히 유교적 문화, 겸양의 문화, 위계질서가 강한 우리나라에서는 어른들이 아이들의 부족한 부분을 지적해 주고, 교정해 주는 것을 어른의 마땅한 도리라고 여기는 경우가 많다. 그러나 긍정심리학적 접근은 전혀 다르다. 긍정심리학의 연구들은 우리가 잘하는 것, 우리의 강점에 집중할 것을 제시한다. 예를 들어, 만약 A 학생의 성적을 향상시키려면 긍정심리학에 기반한 전략적 접근은 가장 잘하는 과목의 성적을 최고로 올리는 것에 최우선적으로 집중한다. 만약 A 학생이 가장 잘하는 과목이 수학이라면, 수학에 우선적으로 집중하여 수학을 100점으로 끌어올리는 일부터 시작한다. 그러면 A 학생은 수학 성적을 100점으로 올리려고 노력하는 과정에서 '나는 100점을 맞으려고 노력하는 우등생'이라고 스스로를 자리매김한다. 일단 A 학생이 자신을 우등생이라고 자체 평가하면 성공이다. A 학생은 자신을 긍정적으로 평가하는 바로 그 긍정의 힘으로 다른 과목에도 접근한다. 자신이 우등생이라는 자신감을 가지고 학업에 임하면 당연히 성적이 쑥쑥 향상된다.

'강점에 집중하기'에 대한 또 다른 예시는 연세대학교에서 경험한 일들이다. 연세대학교는 교육의 질을 향상시키기 위하여 2001년에 교육개발센터(Center for Teaching & Learning)를 설립하고, 교수들의 교수학습 방법을 보다 체계적으로 지원하기 시작했다. 저자는 연세대학교 교육개발센터의 첫 연구원이었다. 저자는 2002년 1월에 '연세대학교 신임교원 오리엔테이션'에서 신임교수 80여 분에게 교수법 특강을 수행한 것을 시작으로, 연세대학교 교수자들에게 혹은 타 대학의 교수자들에게 '명강의 핵심전략' 교수법 특강을 종종 수행하였다. 교수자들이 교수법 특강에 참여하면 저자가 특강을 마친 후, '원하는 분'에 한하여 '강의 비디오 촬영 & 피드백' 신청서를 받았다. 그렇게 스스로 자발적으로 신청을 한 교수에 한해서 다음의 과정을 통하여 교수법 클리닉을 수행하였다.

① 저자가 해당 강의를 강의실에서 관찰 및 비디오 촬영
② 비디오 분석을 통하여 해당 교수자의 강점과 제안점 사전 분석

③ 센터로 교수자가 방문하여 교수자와 저자가 협업 분석

이와 같은 프로그램의 강점은 다음과 같다.

- 본인의 강의를 비디오로 보는 것 자체가 자신의 강의를 객관화하여 살펴볼 수 있는 기회
- 타인의 강압에 의한 클리닉이 아니라, 저자의 강의를 들은 후에 교수자 자신이 '자발적'으로 신청
- 본인이 참여한 교수법 특강의 특강자가 진행하는 교수법 클리닉이므로 클리닉의 전문성을 인정하면서 시작한다는 점

이와 같은 교수법 분석은 처음으로 신청해 주신 몇 분의 교수님께서 교수법 비디오 촬영이 효과적이라고 입소문을 내 주시면서 이후 수십 분의 연세대학교 교수자가 자발적으로 본 프로그램에 참여하였다. 그리고 '강의 비디오 촬영 & 피드백' 프로그램은 국내 수십 개의 대학들이 연세대학교로 벤치마킹하러 오는 주요 프로그램이 되었다.

그런데 '강의 비디오 촬영 & 피드백'을 진행하면서 저자가 경험한 특별한 점은 '강의를 잘하는 교수자 순서'로 해당 프로그램을 신청한다는 점이다. 일반적으로 생각하기에는 수업에 자신이 없거나 수업을 잘 못하는 분들이 교수법 분석을 신청할 것 같다. 그러나 실제로는 각 단과대학에서 가장 강의를 잘하는 분들이 제일 먼저 교수법 분석 신청을 하였다. 이 분들은 대부분 강의뿐 아니라 연구와 봉사도 선도적으로 하는 분들이었다. 교육개발센터의 경험은 저자에게

자신의 강점에 집중하여 이를 최고로 올려놓으려는 사람들이 과연 성공한다는 것을 배우게 해 주었다. 이후에도 연세대학교 교육개발센터에서 어떠한 프로그램이든지 시작하면 그 분야에서 가장 잘하는 분들부터 신청하는 것을 볼 수 있었다. 강점에 집중하여 열심히 하니 잘하고, 잘하게 되니 흥미가 높아져서 더욱 열심히 하게 되는 선순환을 타는 것이다. 강점에 집중하는 것은 사람들이 자신의 일을 즐기고 잘할 수 있게 해 주어 긍정적 정서를 증진시켜 준다.

### 긍정적 정서 향상 전략 3: 소소하게 자주 긍정의 자극 활용하기

**A: 꿈에 그리던 멋진 크루즈를 타고 10년에 한 번씩 한 달 동안 지중해를 여행하는 것**

**vs.**

**B: 1년 내내 매일 아침 좋아하는 공원에서 산책 한 시간**

A와 B 둘 중 어느 편이 우리의 긍정적 정서를 더욱 높여 줄 수 있을까?

답은 매일 아침 공원에서 산책 한 시간이다. 사람들은 '소소한 즐거움을 자주' 느껴야 행복해진다(서은국, 2014; Diener, Sandvik, Pavot, & Gallagher, 1991). 물론 한 번씩 멋진 여행을 하는 것도 우리의 긍정적 정서 향상에 도움이 된다. 그러나 긍정적 정서를 가장 효과적으로 향상시키는 기본 메커니즘은 '사소한 긍정적 자극을 최대한 자주, 시간의 간격을 넓혀서 틈틈이' 경험하는 것이다(Seligman,

2002). 즉, 일상생활에서 소소한 긍정적 경험들을 자주 할 수 있도록, 또한 최대한 긴 시간대에 걸쳐서 경험할 수 있도록 하는 것이 효과적이다.

또한 여기서 발견할 수 있는 중요한 점은 긍정적 정서의 효과는 강력하지만, 이를 유발하는 자극물들은 일시적으로 유발되는 작은 자극들이라는 점이다. 이를테면 바바라 프레드릭슨 교수가 긍정 연구들에서 사용하는 긍정적 정서 유발의 자극은 '실험 참가자에게 예고 없이 자기소개 스피치를 동영상으로 녹화할 것이라며 스피치를 요구했다가 갑자기 해당 참가자는 스피치 대상에서 제외되어 스피치를 안 해도 된다고 취소' 한다. 스피치가 취소된 피험자들은 안심을 하게 되며 모든 신체지표가 평소의 수준으로 되돌아간다. 이때 피험자에게 1) 평화로운 바다 풍경, 2) 귀여운 강아지, 3) 가족의 죽음에 슬피 우는 어린 소년, 4) 의미 없는 추상적 도형들의 동영상을 보여준다. 이때 1)과 2)의 긍정적 정서를 유발하는 동영상을 본 참가자들의 신체지표 회복이 3)과 4)보다 훨씬 더 빨리 이루어졌다. 1) 평화로운 바다 풍경, 2) 귀여운 강아지의 동영상 자극은 긍정적 정서를 증가시키는 대단한 자극이 아니라, 참가자들의 기분을 '약간 좋게 만드는 작은 자극' 이었다. 그런데 이 사소한 자극은 스트레스 상황을 이겨 내게 해 주는 효과적인 긍정적 정서 유발이다. 즉, 사람들은 평화로운 바다 풍경이나 귀여운 강아지가 노는 장면 등의 사소한 자극으로 인해서 스트레스를 이겨 내고 긍정적 정서를 유발하게 된다.

아이센 교수가 일련의 연구들에서 사용하는 긍정적 정서 유발 자극물도 매우 사소하다. 아이센 교수의 연구팀이 사용했던 대표적 자극물은 사탕 1봉지였다. 15개의 딱딱한 사탕이 들어 있는 샌드 위치 백에는 '재미있는 시간(Funtime)'이라고 적혀 있고, 색깔 끈으로 포장되어 있었다(Isen & Patrick, 1983; Isen & Daubman, 1984; Isen & Gorgoglione, 1983; Isen, Johnson, Mertz, & Robinson, 1985; Isen, Shalker, Clark, & Karp, 1978).

이와 같이 작은 자극으로 유발된 긍정적 정서의 효과는 즉각적이고 장기적이다. 긍정적 정서는 순간적으로 유발되어 부정적 정서의 완화, 스트레스 감소 등으로 이어진다. 그러면서 동시에 긍정 루틴으로 뇌의 연결성이 확장되어 회복탄력성의 회복 등의 긍정적 효과로 이어진다(Fredrickson, 2009). 긍정적 정서의 효과는 축적되어 또 다른 긍정적 정서의 자원이 되어 준다. 그렇기에 긍정적 정서의 효과는 장기적으로 이어진다(김주환, 2013). 반면에 부정적 정서는 사람들의 사고와 행동의 레퍼토리를 제한하고 좁히는 기능을 한다. 부정적 정서의 사람들은 맥락 파악, 흐름 파악을 하지 못하고 원만하지 못한 사고를 한다(구재선, 이아롱, 서은국, 2009; Fredrickson, 2013; Fredrickson & Branigan, 2005). 필연적으로 부정적 정서의 사람들은 문제해결능력이 현저히 낮아진다. 그들의 의사결정은 편협하다. 부정적 정서의 사람들은 발전하지 못하고 서서히 도태되어 간다. 그러므로 긍정적 정서를 향상시킬 수 있도록 작고 소소한 긍정적 자극들이 일상생활에서 되도록 자주, 그리고 긴 시간대에 걸쳐서 발생하도록 하는 것이 중요하다.

### 긍정적 정서 향상 전략 4: 부정 편향 극복하기

"저는 아이를 자주 칭찬해 주고, 격려해 주는 것 같습니다. 아주

가끔 어쩌다 한 번씩 아이를 혼냅니다. 그런데 정작 아이는 '엄마가 나에게 만족하지 못한다' '엄마는 자주 나를 혼낸다'고 생각해서 당황스럽습니다"라고 하는 경우들이 있다. 이는 지극히 정상적인 반응이다. 왜냐하면 인간의 뇌가 원래 긍정적인 자극보다 부정적인 자극에 더욱 강렬하게 반응하기 때문이다(Baumeister, Bratslavsky, Finkenauer, & Vohs, 2001; Rozin & Royzman, 2001). 대체적으로 사람들은 '5달러가 생겼을 때의 기쁨보다 5달러를 잃어버렸을 때의 분노'가 더욱 크다. '친구가 똑똑하다고 칭찬해 준 기쁨보다 멍청하다는 말을 들었을 때의 충격'이 더욱 강하다.

사람들은 부정적인 사건을 더욱 개인적으로 받아들이고 깊이 있게 느낀다. 긍정적인 자극과 부정적인 자극은 뇌의 처리 방식이 다르다(Korb et al., 2015). 부정적인 사건은 mPFC에서 훨씬 강한 자기참조활동을 활성화시킨다. 자기참조활동이란 자신과 강하게 관련되어 있다고 지각하는 자극을 처리하는 활동을 의미한다. 또한 부정적인 자극은 내장의 감각을 지각하는 섬엽의 활동도 활성화한다. 또한 편도체와 해마에서도 강한 감정적인 반응을 유발한다(Waugh, Hamilton & Gotlib, 2010; Maratos et al., 2001).

바버라 프레드릭슨 교수와 그녀의 동료들이 188명의 참가자를 대상으로 진행한 연구에 따르면, 일반적으로 긍정성이 부정성의 2.9배는 넘어야 사람들이 자신의 기능을 한껏 발휘하면서 행복한 일상을 누릴 수 있다(Fredrickson & Losada, 2005). 커뮤니케이션 연구자인 존 가트만에 따르면, 행복한 커플은 긍정 : 부정 비율이 5 : 1이다. 이 비율일 때는 안정되고 행복한 커플이 된다(Gottman, 1994). 반면에 이혼하는 커플은 긍정보다 부정의 비율이 더욱 높은 경우이다. 확실한 것은 사람들은 부정적 자극에 더욱 강하게 반응하므로 되도록 자신이 경험하는 긍정성의 비율을 높이는 것이 필요하다.

2.9배, 5배 이러한 숫자가 절대적인 것은 아니다. 사람마다 부정적 정보에 반응하는 민감도가 조금씩 다르다. 뇌가 긍정 혹은 부정의 정보에 주파수를 맞추고 반응하는 정도는 사람마다 개인차가 크다. 이를테면 어떤 사람의 편도체는 일반 사람들보다 부정적 정보에 유난히 더 잘 반응한다. 이러한 사람들은 부정적 정서를 피하기 위해서, 전방대상피질의 활성화를 위해서 훨씬 더 노력해야 한다. 또한 어떤 사람들은 패배에 매우 민감하다. 반면에 어떤 사람들은 부정적 정보에 상대적으로 둔감하다. 사람마다 개인차가 있지만, 한 가지 확실한 것은 우리의 뇌가 부정적 정보에 더욱 잘 반응한다는 사실을 알고 이에 대처하는 것이다.

또한 부정 편향을 줄이는 데 중요한 역할을 하는 두 가지 신경전달물질이 있는데 ① 세로토닌, ② 노르에피네프린이다. 이 둘은 전방대상피질, 편도체, 전전두피질 간의 의사소통에 결정적인 영향을 준다. 이들은 직접적으로 긍정성을 유발하는 것이 아니라, 긍정적 사건을 지각하는 쪽으로 뇌를 편향시키는 역할을 한다. 세로토닌과 노르에피네프린은 통증이 뇌에 미치는 뇌의 하강 나선의 영향을 줄여주고, 뇌가 상승 나선으로 갈 수 있도록 도와준다. 노르에피네프린을 증가시키는 대표적인 방법은 ① 운동하기, ② 수면의 질 확보하기, 특히 밤에 숙면하기, ③ 마사지 등으로 간단한 것이다(Korb et al., 2015).

## 긍정적 정서 향상 전략 5: 운동하기

바다의 우렁쉥이를 보면 운동이 뇌에 주는 영향을 명확하게 알 수 있다. 우렁쉥이는 올챙이 시절에는 활발하게 움직인다. 그러나 자라나면서 바위에 딱 달라붙어서 전혀 움직이지 않는다. 우렁쉥이는 올챙이 시절에는 뇌가 있었으나, 움직이지 않으면서 뇌가 아예 없어진다! 신체의 움직임은 우리가 생각하는 것보다 인간의 뇌와 매우 긴밀하게 연결되어 있다. 본질적으로 인간의 뇌는 보다 효율적으로 움직이기 위해서 존재한다. ① 자아(self)와 타인의 구분, ② 자아에 대한 '의식(consciousness)', ③ '사고(thinking)' '의사소통(communication)' 등은 모두 보다 효율적인 움직임(movement)을 위한 것이다(Rodolfo, 2001).

뇌가 신체의 모든 기능을 통제 및 조절하고, 뇌와 몸은 상호작용을 하면서 신체 작용의 균형을 잡는다. 각 기관들은 내부감각 자료를 끊임없이 뇌로 보낸다. 뇌는 능동적 추론을 통해서 현재 신체 상태가 균형 잡혀 있는지, 제대로 작동하는지 판단하여 실시간으로 뇌에 피드백을 준다. 뇌는 신체에서 올라오는 다양한 감각 정보를 바탕으로 예측 오류를 실시간으로 바로잡는 역할을 한다. 또한 뇌는 내부감각 정보들 중에서 별 의미 없는 감각 정보들을 가려내어 무시하는 기능도 한다. 불안이나 우울증 등의 감정조절장애가 있는 사람들은 몸으로부터 오는 엄청난 양의 내부감각 정보들을 모두 부정적으로 해석한다. 심지어 부정적인 해석을 다시 확대 및 재생산하며 증폭시킨다. 이러한 상황에서 당연히 예측 오류를 수정하는 일 자체가 불가능해진다. 다시 말해서 감정조절의 실패는 마음이 아니라 '몸'의 문제이다. 지나친 두려움, 분노, 우울 등으로 몸에서 올라오는 내부감각 정보를 처리하는 시스템에 문제가 생긴 것이다(김주환, 2023; Barrett, Quigley, & Hamilton, 2016; Friston, Parr, & de Vries, 2017).

사람들이 걸으면 몸에서 다양한 호르몬이 나온다. 이를 통칭하여 미오킨(myokin)이라고 부른다. 미오킨 중의 하나가 이리신(irisin)이다. 이리신은 기억에 핵심적 역할을 하는 해마의 퇴화를 막아 준다(DeSilva et al., 2021). 걸으면 뇌유래신경영양인자(Brain-Derived Neurotrophic Factor: BDNF) 호르몬도 나온다. 이 호르몬은 미오킨보다도 더욱 중요한 역할을 한다. BDNF는 심지어 해마를 '재생성'하여 우리의 기억력, 사고력을 한층 더욱 확장시켜 준다. 하버드 의과대학의 임상정신과 의사인 존 레이티(John J. Ratey)는 BDNF를 기적의 호르몬이라고 불렀다.

운동이 긍정성에 영향을 주는 내용들을 다음과 같이 정리할 수 있다(Korb et al., 2015).

- 운동은 우리의 몸에 에너지를 준다.
- 운동은 미오킨, BDNF 호르몬을 증가시켜서 뇌의 기능을 활발하게 해 준다.
- 운동은 해마를 강화시켜서 인지기능의 약화, 기억의 소실 등을 막아 준다.
- 운동은 감정조절의 균형을 잡아 준다.
- 운동은 불안과 좌절을 줄이고, 우리의 기분을 좋게 해 준다.
- 운동은 자존감과 자신감을 높여 준다.

- 운동은 스트레스를 줄인다.
- 운동은 수면의 질을 높여 준다.
- 운동은 식욕을 증가시켜서 건강을 향상시킨다.
- 운동은 우리가 자연스럽게 사람들과 건강하게 어울릴 수 있도록 도와준다.
- 운동은 창의력과 정신건강 에너지를 향상시킨다.

이와 같은 운동의 장점들은 서로 어우러져서 긍정성의 향상으로 상승 나선을 유발한다. 이를테면 운동을 통해서 수면의 질이 높아지니 결과적으로 불안과 좌절이 낮아지고, 스트레스가 줄고, 동시에 자존감과 자신감은 높아진다. 운동을 통하여 뇌와 몸의 상호작용이 보다 원활하게 효율적으로 잘 이루어지면 우리의 긍정적 정서는 더욱 향상하고 부정적 정서는 감소한다.

## 긍정적 정서 향상 전략 6: 사람들과 어울리기

행복한 사람, 긍정적인 사람은 인기가 좋다. 사람들은 우울한 사람보다 행복한 사람에게 끌린다. 또한 역으로 사람들과 어울리면 긍정적 정서가 향상된다. 우울증의 중요한 치료제 중 하나는 사람들과 어울리기이다. 혼자 앉아서 생각하면 좌절이고 해결책이 도저히 없는 일이지만 친구들과 이야기하다 보면 전혀 생각하지 못했던 해결책이 나온다. 사람은 입 밖으로 소리 내어 이야기할 때에 인지구조의 재구조화가 일어나면서 이전에는 생각하지 못했던 새로운 방식으로 사고할 수 있게 되기 때문이다. 혼자 있을 때는 산다는 게 너무나 막막하지만, 한 사람이라도 마음에 맞는 친구와 만나서 맛있는 것을 먹으면서 이야기를 나누다 보면 어느덧 마음에 순수한 즐거움과 의욕이 차오른다. 자주 편하게 만나서 식사하고 웃고 이야기할 친구가 하나가 아니라, 여럿이 있으면 그것은 우리의 삶이 행복해지기 위한 최고의 덕목이다.

하버드대학교를 졸업한 변호사 빌 로먼은 버지니아 대저택에서 성장기를 보냈다. 그의 집은 대리석 기둥과 회양목이 잘 어우러진 아름다운 저택이었다. 그의 저택 앞으로 널찍이 펼쳐진 아름다운 정원은 그 유명한 블루리지 산맥까지 잇닿아 있었다. 그의 가족은 뉴욕 시에 방이 20개인 저택을 소유하고 있었다. 하인이 열여섯 명이고, 자가용이 여덟 대였다. 제2차 세계대전 동안에 그는 벌지 전투에 참전하여 독일군의 최후의 대반격에 맞서 싸웠다. 그는 참전한 공로로 종군기념 청동 성장을 3개나 받았다. 전쟁이 끝난 후 그는 뉴욕으로 건너가 변호사 사무실을 개업하였다.
그러나 다른 한편으로 로먼은 대학 시절부터 주말마다 술을 마셨다. 그는 술 때문에 우울증에 시달리기도 했다. 변호사 개업을 한 후에도 그의 주량은 나날이 늘어 주말 내내 술을 마셨다. 술에 취해서 월요일을 맞이하는 날들이 많아졌다. 그는 종종 소송에서 졌다.
그는 점점 사람들을 멀리하고 스스로 고립되기 시작했다. 로먼은 30세를 넘기면서 다른 사람들과의 의사소통을 거의 포기하였다. 그는 사촌들과도 멀리 지내고, 자선단체에 참여하지도 않았다. 여자 친구도 거의 없었다. 그는 어머니의 집을 떠나본 적이 없었다. 그는 늘 자신의 집과 배타적인 사교 클럽 안에서만 살았다. 로먼은 즐길 줄 몰랐다. 새로운 것을 창조할 줄 몰랐다. 베풀 줄도 몰랐다. 살면서 그 누구 하나 '기쁨과 슬픔을 나눌 만큼 친밀한 관계'였다고 말할 수 있는 사람이 단 한 명도 없었다. 그에게는 '지금'이 가장 불행한 시기였다. 그러다가 그는 알코올 중독 증세를 보이며 쓸쓸히 세상을 떠났다.

앞의 예시는 그중 하버드대학교 졸업생 빌 로먼의 이야기이다. 그는 '하버드대학교 성인발달연구'의 참가자이기도 했다. 빌 로먼은 미국 동부의 영향력 있는 가문에서 태어나 하버드대학교를 졸업하고 남들이 부러워하는 법조인의 삶을 살았다. 20대에 모든 것을 가진 듯 보였던 그의 삶이 허무하게 끝난 이유는 어디에서 찾을 수 있을까? '하버드대학교 성인발달연구'의 총 책임을 42년간 맡아 온 하버드대학교 의과대학 교수 조지 베일런트 교수는 그 답을 '사회적 관계의 단절'로 보았다. 70여 년 간에 걸친 '하버드대학교 성인발달연구'의 책임자 역할을 42년간 수행한 베일런트 교수는 성공한 삶, 행복한 삶의 가장 큰 특징을 '사회적 관계'로 보았다. 그는 성인발달연구의 결과들을 기반으로 한 사람이 노년이 되어 행복할 것인가를 예측하는 가장 강력한 변인은 그가 속한 사회적 계층도 아니고, 지능도 아니고 '사회적 관계'라고 제시하였다(Vaillant et al., 2002)

빌 로먼이 가진 여러 가지 재능과 조건에 더하여 '마음을 나누는 사람(들)'이 있었다면 그의 인생은 완전히 달라졌을 것이다. 그러나 로먼은 스스로 다른 사람들과의 사회적 관계를 끊어 냈다. 젊은 시절에는 갖고 있던 주변 사람들과의 교류도 모두 잘라 내어 버렸다. 그는 자신의 고급스러운 저택과 배타적인 고급 사교 클럽에 스스로를 가두었다. 그리고 주변의 가까운 사람들과도 등지면서 그의 인생도 불행하게 마무리되었다.

여기서 한 가지 강조할 점은 사회적 관계에서 중요한 것은 양보다 '관계의 질'이라는 점이다. 관계성의 핵심은 관계의 질, 즉 '깊이 있고 의미 있는 관계'이다. 절망적인 일이 생겨도 터놓고 의논할 수 있는 사람이 있으면 회복이 된다. 그런데 똑같이 절망적인 일이 생겨도 마음을 나누며 이야기할 사람이 없으면 좌절이다. 회복이 어렵다. 친밀감 있는 사람과 마음을 나누면 우리는 다시 긍정적 정서의 상승 곡선을 탈 수 있다. 또한 한없이 추락하는 긍정적 정서의 하강 곡선도 막을 수 있다. 친밀한 관계의 사람이 하나라도 있으면 자신의 기쁨과 슬픔을 나누며 마음의 회복이 가능했을 것이다. 그러나 마음을 터놓을 사람이 없다면, 깊이 있는 인간관계를 맺은 사람이 하나도 없다면 그야말로 우리의 삶은 공허하다. 마음을 터놓을 수 있는 친밀한 관계의 사람이 여럿 있다면 그 사람이 진정 잘 살고 있는 것이다. 관계의 질을 확보한 사람들이 그렇지 않은 사람들보다 이후로도 내내 행복하고 성공할 확률이 훨씬 높다.

만약 어떤 사람을 만나고 난 후, 그 사람을 만나기 전보다 마음이 공허해진다면 우리는 그 만남에 대해서 다시 생각해 볼 필요가 있다. 그 공허함이 반복된다면 더욱 심각하게 다시 생각해 보아야 한다. 그 만남은 나에게 긍정적 정서의 상승 곡선이 아니라 하강 곡선을 타게 하는 만남이다. 나의 긍정 에너지를 빼앗아 가는 만남이다. 무조건 '사람들과 관계를 잘 맺어야 해'라고 생각하면서 만남을 지속할 일이 아니다. 물론 사회생활을 하는 동안에 종종 우리에게 선택의 여지가 없는 상황들이 있다. 이를테면 이 직장에 다니는 한 눈만 마주쳐도 하강 곡선을 타게 하는 그 사람을 매일 한 공간에서 만나야 할 수 있다. 그러나 정말 어쩔 수 없는 경우가 아니라면 관계의 양을 채우기 위해서 만나고 싶지 않은 사람들을 어쩔 수 없이 만날 필요는 없다. 또한 한 직장에 다니는 어쩔 수 없는 경우에도 그 사람과의 최소한의 공적 관계만을 유지하고 그 이외의 상호작용은 배제시키는 식으로 그 만남을 최소화시킬 필요가 있다. 친밀한 관계로 발전할 수 없는 사람들까지 '모두 잘 지내기 위해서' 계속 상호작용하면서 나 스스로를 계속해서 하강 곡선으로 밀어 넣을 필요가 없다.

스탠포드대학교 교수인 캐롤 드웩은 되지도 않을 일을 놓지 못하고 끝까지 붙잡고 있는 것은 끈기가 아니라 일종의 '무기력감'이라고 보았다(Dweck, 2000). 내가 저 사람과 잘 지내려고 10년간 노력해도 잘 안 된다면 끈기 있게 참으며 지속해야 하는 관계인지, 아니면 마음에서 놓아야 하는 관계인지 판단할 필요가 있다. 사실 실제적으로 이 일을 지속적으로 추진하는 것이 '끈기'인지, 아니면 '일종의 무기력감'인지를 판단하는 것은 쉽지 않다. 하지만 확실한 것은 우리가 만남을 가질 때 '모든 사람과 잘 지내기' 같은 신화(myth)에 매달리지 말고, '관계의 질'을 우선시하는 것이 중요하다는 점이다. 이 세상의 그 누구도 '모든 사람과 잘 지내는' 사람은 없다. 되도록 내가 정말 만나고 싶은 사람들을 많이 만날 수 있는 기회들을 갖는 것이 중요하다. 적은 수의 사람들을 만나더라도 '진정한 만남'을 갖는 것이 중요하다. 중요한 것은 만나는 사람의 숫자가 아니라 '진정한 친구'의 숫자, '만남의 깊이'이다.

# 주요 동기이론에 대한 뇌과학적 접근



# 제2부

제4장

# 내재적 동기 vs. 외재적 동기

**“똑같이 과학 공부를 열심히 하고, 성적도 똑같이 100점인 중학교 2학년 학생이 두 명 있다. 앞으로 10년 후 과학자로서 성장 가능성이 더욱 높은 학생을 예측할 수 있는가?”**

과학자로서의 성장 가능성을 예측하자면 두 사람 중 과학 공부에 대한 ‘내재적 동기’가 더욱 높은 사람이다. 왜냐하면 내재적 동기가 높은 사람은 과학 공부가 즐겁고, 공부 자체가 보상이 되어서 지속적으로 알아서 과학 공부를 할 것이기 때문이다. 현재에는 똑같이 공부를 열심히 한다고 해도 외재적 동기가 유발되어서 공부를 열심히 하는 학생보다는 내재적 동기가 유발되어서 공부를 열심히 하는 학생이 더욱 높은 과제 지속력을 나타낼 것이다. 이와 관련하여 보다 자세히 살펴보면 다음과 같다.

## 1. 내재적 vs. 외재적 동기 특성

내재적 동기(intrinsic motivation)는 인간의 자연발생적인 내적 자원이다. 내재적 동기는 특정 과제의 수행 자체가 보상과 즐거움이 되는 동기를 가리킨다. 이를테면 테니스 치는 것 자체가 즐거워서 테니스를 치는 학생이 있다면 테니스에 내재적 동기가 있는 것이다.

내재적 동기가 발현되면 과제 수행 자체가 보상이기 때문에 외적인 보상에 좌우되지 않는다.

내재적 동기는 도전, 호기심, 통제, 상상의 네 가지가 주요 원천(Lepper & Hodell, 1989)이 되어 발생한다. 첫째, 사람들은 자신의 현재 수준보다 약간 높은 수준의 난이도가 있는 목표 하에서, 성공 여부가 불확실한 상황에서 내재적 동기가 높아진다. 난이도가 너무 높거나 낮으면 동기유발이 되지 않는다. 또한 성공이 너무 확실하거나, 실패가 너무 확실해도 동기유발이 되지 않는다. 적당한 불확실성이 동기유발에 도움이 된다. 이를테면 게임을 하는데 이기는 것이 너무 확실해도 재미없고, 질 것이 확실해도 재미가 없다. 밤을 새고 해도 게임이 재미있는 것은 언제 어디에서 고득점이 나올지 모르는 불확실한 상황, 불규칙 강화가 주는 강한 보상 때문이다. 둘째, 사람들은 과제가 새롭고, 특이하고, 기존에 자신이 알고 있던 것과 다른 것에서 내재적 동기가 유발된다. 사람들은 진기한 것, 새로운 것에 끌리도록 되어 있다. 그러므로 늘 하던 과제가 아니라, 새로운 내용과 형식의 과제에 도전하는 자세가 필요하다. 같은 내용을 반복해야 하는 상황이라면 같은 내용이라도 새로운 형식, 새로운 포장으로 바뀌면 과제에 대한 내재적 동기가 더욱 잘 유발된다. 셋째, 사람들이 해당 과제에 직접 참여하여 통제감을 경험할 때에 내재적 동기가 유발된다. 남들이 하는 것을 바라보는 것, 그냥 책으로만 읽는 것보다는 직접 참여하는 사람만이 경험할 수 있는 통제감과 성취감이 내재적 동기의 원천이 된다. 넷째, 학습자가 상상력을 발휘하도록 해 주는 과제가 내재적 동기를 유발한다. 어떠한 과제들은 상상력의 여지를 주지 않는다. 이를테면 ① '우리나라 공교육의 주요 문제점

3가지'를 적는 과제보다는 ② '1980년 7. 30. 교육개혁조치에 따른 과외 전면 금지'가 지속되었다면 우리나라의 공교육은 어떻게 달라졌는지를 적어 보는 과제가 상상력을 더욱 유발하는 과제이다. 심지어 단답형으로 제2차 세계대전이 발발한 해, 열역학 제2법칙 등으로 답이 딱 정해진 과제는 상상력의 여지가 전혀 없다. 이러한 과제는 내재적 동기유발에 도움이 되지 않는다.

내재적 동기의 주요 특성을 다음과 같이 정리할 수 있다.

### 1) 지속성

내재적 동기의 대표적인 특징은 지속성(persistence)이다. 외부의 보상으로 인하여 발생한 행동은 필연적으로 지속성이 낮다. 스스로 해당 과제를 수행하는 것이 즐거울 때에 과제에 대한 지속성이 나타난다. 연구들에 따르면 학습에 대한 내재적 동기가 높은 학생들은 동기가 낮은 학생들보다 더욱 많이 노력하고 끈기 있게 공부한다(Deci & Ryan, 2010; Isen & Reeve, 2005). 내재적 동기가 유발된 학습자에게는 공부하는 과정 자체가 즐거움이므로 자연스럽게 끈기가 발휘되는 것이다. 로체스터대학교의 교수인 에드워드 디씨(Deci, 1971)는 외재적 보상이 내재적 동기에 미치는 영향을 살펴보기 위하여 퍼즐 맞추기 실험연구를 수행하였다.

이 실험연구에서 디씨는 내재적 동기의 정도를 측정하기 위하여 기발한 방법을 활용하였다. 그는 실험 도중에 '자유 선택 상황(free choice situation)'을 설정하였다. 퍼즐 맞추기 과제를 하는 실험 도중에 진행자가 잠시 휴식 시간을 주면서 다음과 같이 안내하였다. "제가 잠깐 자리를 비울 테니 자유롭게 여러분이 하고 싶은 일을 하세요."

실험 참가자는 8분의 자유 선택 상황 동안에 본인이 원하는 것을 할 수 있다. 실험 도구인 퍼즐 맞추기를 계속해서 할 수도 있고, 방에 널려 있는 잡지들을 읽을 수도 있고, 방을 그냥 돌아다닐 수도 있다. 실험연구 결과, 자유 선택 상황 동안에 퍼즐 맞추기 과제를 계속할수록 퍼즐 과제에 대한 내재적 동기유발이 잘 되었다. 이후 여러 연구가 자유 선택 상황을 활용하여 내재적 동기를 측정하였다.

내재적 동기가 유발되어서 과제에 매달리는 시간이 길어지면 자연스럽게 성과가 높아진다. 어니스트 헤밍웨이도 이야기하였듯이 『노인과 바다』 같은 걸작의 비결은 책상 앞에 오래 앉아 있는 것이다. 잠시는 동기유발이 되지 않아도 강압에 의해서 과제를 할 수 있다. 그러나 길게 보면 진정으로 동기유발이 되어서 즐기며 지속적으로 해 나가는 사람의 성과를 따라갈 수는 없다.

## 2) 창의성

내재적 동기가 높으면 창의성이 더욱 강하게 발휘된다. 왜냐하면 외적인 압박감, 통제성 등은 창의성을 감소시키기 때문이다(Amabile, 1983; Koestner, Ryan, Bernieri, & Holt, 1984). 하버드 대학교의 테레사 애머빌(Teresa M. Amabile)은 일찍이 창의적 행동은 ① 전문성, ② 창의적 특성, ③ 내재적 동기가 확보되어야 발생한다고 제시하였다(Amabile, 1983). 애머빌은 "사람들은 외적 압력이 아니라 일 자체에 대한 흥미와 즐거움, 만족과 도전에 의해서 내재적으로 동기화될 때 가장 창의적일 수 있다"라고 제시하였다(Amabile, 1997). 반면에 사람들은 사회적 압박을 지각하면서 과제를 수행하면 과제에 대한 흥미도와 즐거움, 만족도의 수준이 모두 낮았다. 사람들은 통제를 받는다고 느끼면 해당 과제를 '즐거운 과업'이 아닌 '고역스러운 일(work)'로 받아들인다(Amabile, DeJong, & Lepper, 1976). 이와 같은 부정적 상황에서 사람들은 단순 작업이나 기계적인 업무만을 처리할 수 있을 뿐 창의성은 발현되기가 어렵다.

### 3) 고차원 사고력

내재적 동기가 유발되면 사람들은 보다 높은 수준의 사고력이 가능하다. 내재적 동기와 긍정적 정서는 상호작용한다. 내재적 동기가 유발되면 긍정적 정서가 향상된다. 역으로 긍정적 정서가 증가하면 내재적 동기가 향상된다. 긍정적 정서가 향상되면 부정적인 생각과 불안이 감소한다. 불안과 부정적인 생각은 우리의 제한적인 작업기억, 인지과정, 주의집중의 자원을 차지한다(Covington, 1992; Zeidner, 1998). 작업기억의 용량은 제한되어 있기 때문에 불안이 작업기억의 용량을 차지하는 것은 인지과정과 주의집중 등에 결정적인 방해 요인이 된다.

내재적 동기가 향상되어 긍정적 정서도 증가하면 불안과 부정적인 생각이 감소되어 과제 자체에 보다 더욱 잘 집중할 수 있다. 또한 긍정적 정서를 경험하면 행복감이 증가하여 인지과정의 나선형 상승(upward spiral) 효과가 나타난다(Fredrickson, 2001). 긍정적 정서는 인지적 유연성과 창의적 문제해결을 촉진한다(Estrada, Isen, & Young, 1994, 1997; Isen, Niedenthal, & Cantor, 1992). 긍정적 정서 속에서 보다 능동적으로 정보처리를 하면서 고차원의 사고력을 발휘하게 된다. 내재적 동기가 유발되면 기계적인 방식이 아니라, 보다 개념적인 방식으로 정보를 생각하고 통합한다(Grolnick & Ryan, 1987; Vansteenkiste et al., 2005a).

외재적 동기는 음식, 금전, 칭찬, 금메달, 인정, 트로피, 성적, 대중의 인정 등의 외부적 유인가가 과제를 수행하게 하는 동기이다. 자신이 바라는 바람직한 결과를 얻고 싶어서, 또한 불편한 상황을 피하기 위해서 특정 결과를 도출할 수 있는 행동을 하고 싶은 느낌이 우리 내부로부터 발생하는 것이 외재적 동기이다. 외재적 동기는 "네가 이것을 하면 저것을 얻을 것이다"는 행동 계약(behavior contract)으로부터 발생한다. 이는 '무엇을 얻기 위한' 동기이다. 이는 '그래서 나에게 무슨 이득이 있는가'와 같은 동기이다(Schunk, Pintrich, & Meece, 2013).

내재적 동기와 외재적 동기는 맥락(context)에 따라 달라진다. 연구들에 따르면, 연령이 높아질수록 일반적으로 내재적 동기는 낮아진다(Lepper, Sethi, Dialdin, & Drake, 1997; Lepper, Corpus, & Iyengar, 2005; Otis, Grouzet, & Pelletier, 2005). 초등학교 때는 수학을 그 자체로서 좋아했으나, 고등학교로 진학하면서 내용이 자신의 수준보다 많이 어려워지고 대학입시의 압박을 받으면서 수학이 '대학'에 진학하기 위한 도구로 바뀔 수 있다. 연령이 높아질수록 이와 같은 상황이 많이 발생하여 전반적으로 내재적 동기가 낮아진다. 하지만 맥락에 따라서는 이와 반대의 경우들도 가능하다. 이를테면 처음에는 성적을 잘 받기 위해서 과학 공부를 열심히 하였다. 그런데 공부를 하면 할수록 과학 공부를 통해서 자연의 신비를 알아가는 것이 흥미로워서 과학 그 자체에 푹 빠질 수도 있다. 동기는 맥락적이다.

외재적 동기는 즉각적인 효과가 나타난다. 이를테면 수학 공부 자체에 대한 흥미가 유발되어서 수학 공부를 열심히 하게 되는 것은 대부분의 사람에게 쉬운 일이 아니다. 하지만 내일이 수학 시험이라고 하면 학생들이 밤을 새고 수학 공부를 한다. 외적 보상이나 마감일이 걸리면 외재적 동기가 순식간에 유발된다. 외재적 동기는 효과적이지만 나에게 이득이 되는, 혹은 처벌이 되는 외부적 요인이 사라질 때에 외재적 동기도 사라진다. 즉, 시험이 지나고 나면 학생들은 더 이상 시험 전날처럼 수학 공부를 열심히 하지 않는다.

외재적 동기는 '네가 이것을 하면 저것을 얻을 것이다'는 제약 속에서 시작한다. 이를테면 마감일을 지켜야 하고, 분량을 지켜야 하고, 여러 가지 규칙을 강압적으로 따라야 한다. 강압적인 환경 속에서 부정적 정서들이 차오른다. 산만한 생각들이 인지적 자원들을 차지한다. 불안이 높아지면 고차원적 사고를 발휘하기가 어렵다. 그래서 내재적 동기가 유발되면 고차원적 사고가 가능한 반면, 외재적 동기에서는 고차원적 사고가 상대적으로 어렵다. 부정적인 상황에서 사람들은 제대로 깊이 있게 학습하지 못하고, 제대로 인출하지 못한다.

## 2. 내재적 동기와 외재적 동기의 관계 및 유형

동기 연구의 초기에는 내재적 동기와 외재적 동기를 이분법적인 관계로 보았다. 이후 자기결정성이론의 에드워드 디씨(Edward Deci)와 리처드 라이언(Richard Ryan)은 개인의 행동을 자기결정성, 즉 자율성의 정도에 따라서 구분하였다(Deci & Ryan, 1985, 2000). 에드워드 디씨와 리처드 라이언은 내재적 동기와 외재적 동기를 하나의 연속선상에 놓고 자율성의 수준에 따라서 ① 무동기, ② 외적 조절, ③ 내사 조절, ④ 동일시 조절, ⑤ 통합 조절, ⑥ 내재적 동기로 유형화하였다.

① **무동기**: 학습의 동기가 전혀 내면화되어 있지 않고, 자신의 행동에 가치를 부여하지 않고 행동도 하지 않는 학습된 무기력 상태

② **외적 조절**: 외재적 동기 중에서 가장 자율성이 낮은 형태. 외적 보상을 받기 위하여 혹은 압력이나 벌을 피하기 위하여 행동하는 동기 형태

③ **내사 조절**: 자신이나 타인의 인정을 받기 위하여 혹은 비난을 피하기 위하여 행동하는 유형. 부과된 조절 유형의 학생들은 학교의 규칙을 잘 따르지만 학습의 동기가 내면화되어 있지는 않음

④ **동일시 조절**: 자신의 행동이 스스로에게 유용하다는 것을 알고 자발적으로 행동하는 자율적 동기. 그러나 과제 자체에 대한 즐거움보다는 특정 목적을 달성하기 위하여 행동하므로 외재적 동기의 유형에 포함됨

⑤ **통합 조절**: 외재적 동기 중에서는 가장 자율적인 동기 유형. 통합된 조절은 내재적 동기와 공통점이 많지만, 과제 자체에 대한 관심보다는 중요한 결과를 얻기 위하여 행동하므로 외재적 동기에 포함됨

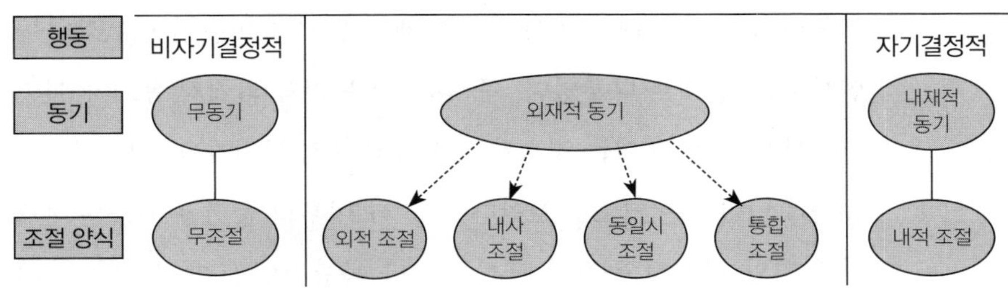


[그림 4-1] 자기결정성이론을 기반으로 한 다양한 외재적 동기 유형

출처: Ryan, R. M., & Deci, E. L. (2000). Self-determination theory and the facilitation of intrinsic motivation, social development, and well-being. *American Psychologist, 55*, 68-78.

⑥ **내재적 동기:** 자신의 의지와 결정에 따라서 행동하는 유형. 내재적 동기가 유발된 학습자는 스스로의 호기심과 만족 등의 내면적 요인들에 의하여 동기화됨

전통적으로 교육학자들은 내재적 동기를 바람직하게 여긴다. 내재적 동기가 높을수록 사람들은 유능감을 지각하고, 학업성취도가 향상되고, 더욱 창의적이며, 학습에 대한 불안이 감소한다(Gottfried, 1985; Lepper, Corpus, & Iyengar, 2005; Niemiec & Ryan, 2009). 내재적 동기가 높을수록 사람들은 해당 과업에 더욱 몰두하고, 학습에 보다 더 주의를 기울이고, 배운 것을 실제에 적용해 보려고 더욱 노력한다. 내재적 동기가 높은 사람들은 자기효능감을 경험하고 불안은 점점 더 줄어든다(Bandura, 1993, 1997; Lepper, Corpus, & Iyengar, 2005). 자기효능감이 증가하면 성취가 향상된다. 향상된 성취는 다시 내재적 동기를 촉진한다. 이와 같은 선순환을 통해서 사람들의 동기와 성취가 점점 향상된다.

내재적 동기와 외재적 동기의 관계를 보다 자세히 살펴보면 동기

연구의 초기에는 내재적 동기와 외재적 동기를 이분법적으로 나누면서 시소 관계로 다루었다. 즉, 내재적 동기와 외재적 동기가 연속선상의 양쪽 끝에 있는 것으로 보면서 내재적 동기가 높으면 외재적 동기가 낮아지는 것으로 보았다. 그러나 이후의 동기 연구들은 내재적 동기와 외재적 동기의 관계는 보다 복합적임을 제시하였다. 내재적 동기와 외재적 동기가 모두 높을 수도 있고, 모두 낮을 수도 있다(Lepper, Corpus, & Iyengar, 2005; Schunk, Pintrich, & Meece, 2013). 내재적 동기와 외재적 동기는 분리된 것으로 각각 독립적으로 높을 수도 있고, 낮을 수도 있다(〈표 4-1〉 참조).

〈표 4-1〉 내재적 동기와 외재적 동기의 복합적 관계

| 내재적 동기 / 외재적 동기 | 높음 | 낮음 |
|---|---|---|
| 높음 | 상도 받고 싶고, 과제도 흥미로움 | 상은 받고 싶으나 과제는 흥미 없음 |
| 낮음 | 과제는 흥미로우나 상은 관심 없음 | 상을 주어도 아무것도 하기 싫음 (상도 싫고, 과제도 재미 없음) |

내적 상태가 내재적 동기의 상태인지, 외재적 동기의 상태인지 명확하게 구분하기는 어렵다. 많은 상황에서 내재적 동기와 외재적 동기가 혼재되어 있다. 타인의 내재적 동기, 외재적 동기의 구분이 어려움은 물론이요, 때로는 나 자신의 동기가 내재적인지 외재적인지의 구분도 어렵다. 이를테면 똑같이 '학습동기' 수업에서 열심히 공부하는 대학원생들이라고 하더라도, 강좌 수강 이유가 '성적'이라면 수업에 대하여 외재적 동기가 유발된 상태이다. '학습동기' 수업

에서 동기의 최신 이론을 학습하고 이를 실제 교육 상황에 적용하는 것이 즐겁고 좋아서 열심히 공부하는 것이라면 수업에 대해서 내재적 동기가 유발된 상태이다. 또한 자기 내적으로도 자신이 '학습동기' 수업에서 열심히 공부하는 것이 내재적 동기에 기인한 것인지, 혹은 외재적 동기에 기인한 것인지 둘의 비율이 어떻게 되는지를 스스로도 정확하게 구분하기 어려울 만큼 내재적 동기와 외재적 동기는 혼재되어 작용한다. 많은 경우, 외재적 동기에서 시작한 행동이 점차 시간이 지나면서 내재적 동기로 전환되기도 한다. 실제 상황에서 내재적 동기가 지속적으로 발현된다는 것은 현실적으로 불가능하다. 내재적 동기와 외재적 동기는 때로 서로를 보완해 주고, 때로 서로 경쟁하면서 과제의 지속성과 수행의 질에 영향을 준다(Deci, Koestner, & Ryan, 1999; Dweck, 1986).

## 3. 외적 보상의 숨겨진 대가(hidden cost of reward)

"스스로 알아서 공부를 열심히 하니 기특하구나. 지난번 시험은 전교에서 10등을 했지? 이번 시험에서 전교 1등을 하면 네가 갖고 싶어 하는 산악자전거를 사 줄게."

"항상 묵묵히 누가 알아주든 아니든 회사 일을 열심히 하니 대단하십니다. 이번 프로젝트를 성공하면 곧바로 전무에서 사장으로 승진을 보장합니다."

이와 같이 스스로 알아서 잘하고 있는 사람, 즉 해당 과제에 내재적 동기가 유발되어 있는 사람에게 외적 보상까지 약속하면 어떠한 일이 일어날까? 일반적으로 우리는 내재적 동기가 유발된 사람에게 외적 보상을 제공하면 내재적 동기와 외재적 동기가 합해져서 해당 과제를 더욱 열심히 잘할 것이라고 예측한다(Deci & Ryan, 1985; Hom et al., 1994; Isen & Reeve, 2005). 확실히 보상은 동기이론에서 중요하다. 일찍이 버러스 프레더릭 스키너(Burrhus Frederic Skinner)의 조작적 조건화 이론(1953)에서도 '보상'이 행동을 강화시킨다는 전제로 시작한다. 실제로 학교와 기업, 모든 조직이 구성원들에게 다양한 보상을 제공한다.

그러나 보상이 내재적 동기를 향상시켜 줄 것이라는 일반적 예측과 달리 외적 보상은 내재적 동기를 침해한다. 내재적 동기와 보상의 관계는 심리학에서 오랫동안 논쟁거리였다. 외적 보상이 동기를 촉진함을 지지하는 많은 연구와 보상이 장기적으로 내재적 동기를 낮춘다는 연구들이 대립해 왔다. 그러나 1970년대에 디씨(Deci, 1971)와 레퍼(Lepper, 1973) 등이 보상에 의한 내재적 동기의 감소 효과를 발견한 이후에 다양한 연구가 수행되어 왔다. 전통적으로 내재적 동기를 연구해 온 많은 학자는 외적 보상을 제공하는 것이 과제에 대한 내재적 흥미와 창의성을 감소시킬 수 있다고 제시해 왔다(Amabile, 1983; Deci, 1971; Deci, Koestner, & Ryan, 1999; Deci & Ryan, 1985; Lepper, Greene, & Nisbett, 1973; Kohn, 1993). 외적 보상이 내재적 동기를 저해하는 과정은 다음과 같이 나누어 생각해 볼 수 있다. 첫째, 외적 보상이 주어지는 순간에 사람들은 빨리 정답을 발표하고 보상을 받으려고 할 가능성이 높다. 빠른 정답을 추구하는 순간에 정작 과제에 집중한 노력은 뒤로 밀려 버린다. 즉, 깊이 있게 정보에 집중하고, 스스로 적절한 도전을 찾아서 추구하고, 창의적 해결을 탐색하는 등의 과제와 직접 관련한 본래의 흥미는 외적 보상에 밀려서 감소될 수 있다(Eisenberger & Cameron, 1996; Tegano, Moran, & Sawyers, 1991; Vansteenkiste et al., 2005a). 외적 보상은 과제 본래의 흥미, 내재적 동기를 침해하여 도리어 학습을 방해할 수 있다.

둘째, 외적 보상은 사람들의 자율성을 침해해서, 사람들의 자율성 지각을 방해해서 내재적 동기를 침해한다. 외적 보상은 금전적 보상을 받거나, 상을 약속 받거나, 장난감, 처벌을 받을 것이라고 위협을 받거나, 마감 시한을 지정 받거나, 경쟁의 압박감, 일을 할 때의 감독, 강압적 지시를 받는 등의 일이다(Amabile, DeJong, & Lepper, 1976; Deci & Ryan, 1987; Koestner et al., 1984; Lepper & Greene, 1975; Isen & Reeve, 2005). 이와 같은 외적 보상 속에서 사람들의 자율성은 감소한다. 자율성이 감소하면 내재적 동기도 침해된다.

셋째, 외적 보상이 주어지면 사람들의 지각된 인과의 소재(perceived locus of causality)가 점차 외적이 된다. 내재적 동기는 행동 그 자체가 목적이기 때문에 내재적으로 동기화되면 내재적 보상을 위해 활동에 참여했다고 내적으로 지각한다. 그러나 외적 보상이 주어지면 외적 보상 때문에 활동을 하였다고 지각하면서 인과 위치가 외적으로 지각된다. 인과 위치가 외적으로 지각되면 목표 행동과 외적 보상이 연결되어서 외적 보상이 주어질 때에만 해당 행동을 하게 된다.

넷째, 자기지각이론의 인지적 측면에서 보면 일반적으로 사람들은 과제를 수행하면서 내재적 동기에 대하여 명확한 인식이 없다. 그러다가 과제 활동에 대해서 외적 보상을 받게 되면 자신이 외적 보상 때문에 행동을 한 것으로 스스로 추론한다. 외적 보상은 과제 수행에 대한 정당화 요인이므로 상대적으로 내재적 동기의 역할이 감소한다. 앞의 예시와 같이 자율적으로 열심히 공부를 하고 있던 학생에게 '산악자전거'라는 매력적인 외적 보상이 주어지면 외적 보상이 과제 수행의 정당한 요인이 되고, 내재적 동기는 파묻힌다. 그러면 스스로 알아서 열심히 공부를 하던 학생이 자신이 공부하는 이유는 내재적 동기가 아닌 산악자전거 때문이라고 지각하게 된다.

다섯째, 자기지각이론의 정서적 측면에서 보면 외적 보상을 통해서 사회적 통제를 지각하면 과제에 대한 흥미도와 만족도의 수준이 낮아진다. 사람들은 사회적 제약, 강압적 환경을 지각하면 자신에게 주어진 과제를 '놀이'가 아닌 '일(work)'로 받아들인다. 사회적 고정관념상 일은 부정적인 것이다. 외적 보상도 일종의 외적 제약이기 때문에 과제에 대해서 외적 보상이 주어지면 그때부터 과제가 '일'이 된다. 외적 보상이 주어지는 순간, 과제가 '일'이 되면서 해당 과제에 대한 흥미도나 즐거움이 낮아진다. 이전에는 '놀이'였던 것이 외적 보상이 주어지면 '일'로 쉽사리 전환된다. "나는 재미있어서 과제를 한다"가 "나는 보상을 받기 위해서 과제를 한다"가 되는 것이다. 보상이 중요해질수록 사람들은 흥미를 위한 과제를 점점 더 안 하게 되고, 대신 점점 더 보상을 받기 위해서 과제를 하게 된다. 원래는 그 과제가 재미있어서 하던 사람들이 보상을 받으면서 과제의 이유가 매력적인 외적 보상 때문인 것으로 바뀌는 것이다. 그리고 이 과정에서 '놀이'가 '일'이 되는 것이다. 게다가 엄청난 물질적 보상은 더욱 심각한 결과를 갖고 올 수 있다(Ariely et al., 2009; Chib et al., 2012). 사람들은 자신이 기대한 것보다 큰 물질적 보상을 받으면 '이렇게까지 큰 보상을 제공하는 것을 보니 매우 어려운 일이고, 모두가 하기 싫어하는 일이 틀림없겠군'이라고 생각한다. 문제는 '일'은 재미없는 것이고, 부정적인 것이라는 사람들은 '일'을 지속적으로 계속 하고 싶어 하지 않는다.

여섯째, 기대한 외적 보상은 내재적 동기를 유의미하게 저해한다. 마크 레퍼(Mark Lepper)와 동료들의 연구를 살펴보면 외적 보상의 숨겨진 대가가 더욱 명확하다(Greene & Lepper, 1974; Lepper & Greene, 1978; Lepper, Greene, & Nisbett, 1973). 실험에서 학교 입학 전의 아동들은 ① 보상 기대, ② 무보상, ③ 기대하지 않은 보상 조건 중 하나에 임의 배정되었다. ① 보상 기대 집단에서 아동들은 '우수선수증명서'의 외적 보상을 보았고, "이 증명서를 얻기 위하여 그림 그리기를 원하는가?"라는 질문을 받았다. '우수선수증명서'는 아동의 이름이 선명하게 적혀 있고, 파란색 리본으로 장식된 매력적인 외적 보상이었다. ② 기대하지 않은 보상 집단에서 아동들은 보상에 대한 언급 없이 "그림 그리기를 원하는가?"라는 질문을 받았다. 그리고 그림 그리기를 마친 후, 기대하지 않은 증명서를 받았다. 일주일이 경과한 후, 연구자들은 실험에 참여한 모든 아동에게 자유 시간 동안에 그림을 그릴 수 있는 또 다른 기회를 제공하였다. 일주일의 자유 시간 동안에 보상을 기대했던 ①번 집단의 아동들은 보상을 기대하지 않은 ②와 ③ 집단의 아동들보다 유의미하게 적은 시간 동안에 그림을 그렸다. 즉, 보상을 기대한 집단의 아동들은 그리기 활동에 대한 내재적 흥미가 유의미하게 감소하였다. 이러한 실험 결과는 연령대를 확장하여 성인을 대상으로 하였을 때에도 반복적으로 확인되었다. 기대한 보상은 내재적 동기를 침해한다. 똑같은 보상이라도 기대하지 않은 보상은 내재적 동기를 침해하지 않는다. 이는 보상 자체가 문제가 아니라, 외적 보상에 따른 외재적 동기가 증가하면서 그림에 대한 본래의 흥미, 내재적 동기가 감소함을 나타낸다. 외적 보상은 일반적으로 내재적 동기를 감소시키지만 항상 그렇지는 않다. 즉, 미리 외적 보상을 기대하는 경우에 특히 내재적 동기를 감소시키며, 기대를 하지 않은 경우에는 내재적 동기를 감소시키지 않는다.

일곱째, 기대된 보상이 내재적 동기를 감소시키는 경우는 특히 물질적 보상의 경우이다. 언어적 보상은 내재적 동기를 거의 감소시키지 않는다. 즉, 금전적 보상, 상장, 음식 등의 물질적 보상은 내재적 동기를 감소시킨다. 반면에 칭찬의 언어적 보상은 내재적 동기를 거의 감소시키지 않는다. 다만, 언어적 보상의 경우에 "똑똑하다"는 식으로 지능이나 능력을 고정된 것으로 표현하는 언어적 보상을 피해야 한다. 지능이 고정된 것으로 칭찬을 하는 경우, 사람들은 '항상 영리하게 보여야 한다. 어떠한 대가를 치루더라도 어수룩하게 보이면 안 된다'고 잘못 생각하기 때문이다. 이와 같이 지능이 고정적이라고 생각하면 열심히 노력해서 이룰 수 있는 것이 없다고 생각하기 때문에 당연히 도전을 기피하고 과제에 대한 흥미도 낮아진다 (Bandura & Dweck, 1985; Dweck, 2000; Dweck & Leggett, 1988). 대신에 영리하게 보이는 것에 대해서 지나친 관심을 갖게 된다. "똑똑하다"는 칭찬 대신에 "열심히 노력하더니 단어 시험에서 30%나 성취가 더 향상되었구나"라는 식으로 노력을 강조면서 동시에 정확한 정보를 주는 언어적 칭찬이 바람직하다.

# 4. 외적 보상의 내재적 동기 침해에 대한 반박과 확장

이와 같이 많은 연구가 외적 보상의 내재적 동기 침해를 지지하는 연구 결과들을 보고해 왔다. 하지만 일부 연구들은 부분적으로 외적 보상이 효과적인 상황들을 제시하였다. 과제 자체가 흥미로운 경우가 아니거나, 단조롭고 기계적인 경우 등에서는 과하지 않은 적절한 외적 보상이 수행에 도움이 될 수 있다(Camerer & Hogarth, 1999; Lazear, 2000). 이를테면 의과 대학생이 성인의 뼈 206개를 외운다든지, 수십 개의 과학 용어를 외우는 것, 하루 종일 똑같은 부품을 끼우는 작업 등은 흥미로운 과제 혹은 고차원의 사고를 요구하는 과제가 아니다. 이와 같은 기계적 암기, 단조로운 작업의 상황에서 퀴즈, 의사자격증, 승진, 상 등의 외적 보상이 주어지면 사람들의 동기가 향상된다. 또한 결과물이 자신의 애초 기대보다도 월등히 높은 경우, 이 결과물 자체가 외적 보상으로 작용하여 동기를 향상시킨다(Diederen et al., 2016; Diederen et al., 2017; Dayan & Balleine, 2002; Montague, King-Casas, & Cohen, 2006).

내재적 동기와 외재적 동기의 구분은 개념적으로 이루어지고 있지만, 실제적으로 사람들이 특정 과제에 동기유발이 되었다고 할 때는 대체적으로 내재적 동기유발과 외재적 동기유발이 함께 이루어진다. 이러한 경우에 해당 과제에 대하여 두 가지 동기 중 어느 쪽이 얼마만큼의 비율인지를 분석하는 것은 어렵다. 왜냐하면 사람들은 자신만의 고유한 가치체계를 지니고 있기 때문이다. 게다가 특정 과제나 자극에 가치를 부여하는 것은 개개인의 지극히 주관적인 계산 과정이기 때문이다. 또한 많은 경우에 처음에는 외적 보상에 의하여 동기가 유발되었다가 시간이 지나면서 해당 과제 자체에서 가치를 찾게 되어 해당 과제에 흥미와 즐거움을 느끼게 되면서 내적 동기유발이 이루어진다. 소수이지만 일부 학자들은 외적 보상이 내재적 동기를 별로 낮추지 않는다든지, 심지어는 내재적 동기가 낮은 경우에 외적 보상이 도리어 내재적 동기를 높인다는 연구 결과도 보고하였다(Cameron & Pierce, 1994; Covington, 1999; Eisenberger & Cameron, 1996; Svickni & McKeachie, 2014).

일반적으로 외적 보상이 내재적 동기를 침해하는 것은 확실하지만, 다른 한편으로 특정 상황에서 외적 보상을 적절하게 활용하면 지루할 수 있는 학습이나 작업의 정확성이나 집중도를 증가시킬 수 있다. 대개의 경우에 외적 보상의 효과는 일시적이고, 외적 보상이 소거되면 바로 사라지는 효과이지만, 단시간 효과가 있는 측면이 있다. 그러므로 외적 보상을 활용할 경우에는 과하지 않게 적절히 잠깐 활용하는 것이 필요하다. 그리고 외적 보상이 단기간의 효과로 끝나지 않고 장기적으로 학습자의 내재적 동기로 연결될 수 있도록 시도하는 것이 바람직하다.

다른 한편으로, 지금까지의 외적 보상의 연구에 대하여 영국 유니버시티칼리지 런던의 뇌과학자이자 자유에너지이론을 제시한 칼 프리스턴(Karl J. Friston) 교수는 본질적인 문제를 제기하였다. 자유에너지이론은 투입(input)과 산출(output)을 '자유에너지 최소화' 원칙에 따라 최소한으로 줄이는 것에 관한 이론이다. 자유에너지이론은 사람들의 감각 입력과 기대하는 상태 사이의 간극을 줄이는 것이 핵심이다.

자유에너지 최소화 원칙과 연결하여 프리스턴 교수는 보상에 반응하는 것으로 알려진 도파민의 역할에 대해서 대대적인 재평가가 이루어져야 한다고 주장하였다(Friston, 2009). 지금까지 많은 뇌과학 연구는 도파민을 '쾌락'과 관련된 뇌 속 호르몬으로서 예측 불가한 미래의 보상을 인코딩하는 것으로 다루어 왔다. 도파민은 쾌락분자(pleasure molecule)라고도 불리며, 예측 오류와 관련을 갖는다(Schultz, Dayan, & Montague, 1997; Schultz, 1998; Kakade & Dayan, 2002). 도파민에 대한 선행연구들은 도파민의 분비가 특정 자극에 대해서 '보상'이라는 가치 판단을 했기 때문이라고 전제해 왔다. 그러나 프리스턴은 도파민이 분비되는 이유가 해당 자극이 '보상'이었기 때문이 아니라 단지 '새로운' 경험을 주는 자극이기 때문이라고 주장하였다. 즉, 도파민 시스템은 '보상'에 반응하는 것이 아니라, 미처 예측하지 못한 '예측 오류'에 반응하는 일반적인 예측 오류 시스템이라고 제시하였다(Friston, Daunizeau, & Kiebel, 2009). 여기에서 도파민의 본질적 기능은 예측 오류를 최소화하는 방향으로 신경망을 업데이트하는 것이다. 새롭거나 주목을 끄는 현저한 자극이면 보상이든 아니든 상관없이 도파민 반응이 분출된다.

프리스턴 교수가 도파민에 대한 전통적인 관점에 문제 제기를 한 이래, 일련의 뇌과학 연구들이 프리스턴의 주장을 뒷받침하는 연구 결과들을 보고하였다(Gershman & Uchida, 2019; Starkweather, Gershman, & Uchida, 2018). 확실한 것은 도파민은 보상뿐 아니라 예측 오류의 최소화 과정에서도 핵심적 기능을 담당하고 있다는 점이다. 도파민 회로는 보상을 넘어서 일반적인 학습 과정에 있어서도 매우 중요하다. 그러므로 보상의 개념을 보다 확장하여 살펴보면 보상을 단순히 동기유발의 한 방법으로만 다룰 것이 아니라 새로운 자극들을 적절하게 제시하는 것으로 확장할 필요가 있다. 향후 뇌과학적 측면에서 새로운 자극의 제시 측면으로 보상체계를 확장하여 보다 체계적으로 연구할 필요가 있다.

# 자기효능감

1. 사회인지이론
2. 자기효능감이론

스탠퍼드대학교의 앨버트 반두라(Albert Bandura)는 행동주의 이론들의 한계점을 지적하면서 인간의 동기에 대한 사회인지이론을 제시하였다. 그는 행동주의 이론들이 동물의 학습을 다루고 또한 비사회적 상황에서의 인간의 행동을 다루었을 뿐, 실제적인 사회적 모델의 영향을 고려하지 않음을 비판하였다. 사회인지이론의 기본 전제는 사람들의 행동을 자기조절체계(self-regulatory system) 속에서 이해하자는 것이다. 사회인지이론은 1) 학습과 2) 이전에 학습한 행동을 수행하는 것을 구분한다. 사회인지이론에 따르면, 사람들은 모델을 관찰하여 기술과 전략을 배우지만 학습한 것이 모두 행동으로 즉시 나타나는 것은 아니다. 반두라는 사회인지이론의 영역을 ① 인지적, ② 사회적, ③ 운동 기술과 전략 및 행동에 대한 학습과 수행으로 제시하였다. 이 중 핵심 요인은 자기효능감으로서 반두라는 ① 행동에 따르는 결과에 대한 기대와 ② 해당 행동을 수행할 수 있다는 자기효능감에 의해서 동기가 유발된다고 보았다. 다시 말해서, ① 사람들은 자신이 원하는 결과가 있고, 이를 이룰 수 있다고 기대하기 때문에 또한 ② 사람들은 자신이 열심히 하면 원하는 성취를 이룰 수 있다고 믿을 때에 열심히 일을 한다고 하였다(Bandura, 1977, 1986). 이 장에서는 사회인지이론에서 동기를 유발하는 핵심 요인이자, 자아와 관련하여 가장 많이 연구되고 있는 변인 자기효능감에 대해서 살펴본다.

# 1. 사회인지이론

사회인지이론에 따르면, 인간은 환경적 영향도 받지만 인간의 인지적 능력, 인지적 처리 과정, 신념과 태도 등의 내적인 요소들에도 영향을 받는다. 반두라는 인간의 기능이 ① 환경 속에서 발생하는 사건, ② 개인 요인, ③ 행동의 세 가지 요인 모두가 서로에 대해서 유기적으로 상호작용(triadic reciprocality)을 가지면서 결정된다고 제시하였다(Bandura, 1986, 1997). 이를테면 ② 개인 요인에서 '자기효능감'은 새로운 과제를 선택하고 노력하는, ③ 성취 행동에 영향을 준다. 또한 역으로 ③ 성취 행동이 ② 개인 요인인 자기효능감에 영향을 주기도 한다. 또한 ① 환경 요인 중 교수자의 긍정적 피드백이 ② 개인 요인의 자기효능감을 높여 주는 역할을 한다. 일반적으로 이들 세 가지 요인은 서로 영향을 주고받는다. 세 가지 요인이 영향을 주고받는 방향은 항상 정해져 있지 않다. 일반적으로 하나 혹은 두 개의 요인이 우세하게 나타난다.

여기서 인지적 개인 요인으로 자기참조적 사고가 매우 중요하다. 자기참조적 사고는 지각과 행위 간의 관계를 중재한다. 특정 행위를 할 때에 관련된 지식과 해당 지식을 조작하고 변형시키는 구성 기술은 반드시 필요한 조건이다. 하지만 수행이 이루어지는 데에는 지식과 구성 기술만으로는 부족하다. 왜냐하면 어떤 사람들은 충분한 지식을 갖고 있음에도 수행을 잘 해내지 못하기 때문이다. 반두라는 자기참조적 사고가 지식과 행동 간의 관계를 중재해야 비로소 수행이 제대로 이루어진다고 제시하였다. 반두라의 사회인지이론에서 자기참조적 사고가 곧 자기효능감이다. 즉, 사회인지이론은 개인의 자신의 능력 기대에 대한 신념과 성취 상황에서의 맥락적 요인들에 대한 지각에 강조를 둔다. 이를테면 사회학습이론은 사회적인 목표 행동이라고 불리는 친사회적 행동, 공격성, 성역할 등이 학습되는 과정을 잘 설명한다. 특히 아동들은 주요 타인들의 행동에 많은 영향을 받고 모방하므로 성인들의 본보기가 매우 중요하다. 사회인지 이론의 주요 개념과 과정을 살펴보면 다음과 같다.

### 1) 모델링

행동주의 이론은 인간을 수동적인 존재로 여기지만, 사회학습이론은 인간을 본인의 의지로 사고할 수 있는 능동적인 정보처리자로 여긴다. 행동주의와는 달리 사회학습이론에서는 외적인 강화가 없어도 새로운 행동이 발생할 수 있다고 본다. 사회학습이론에서 인간의 행동은 자기효능감을 달성하는 방향으로 나아간다. 반두라는 본인이 직접 체험하지 않아도 사회적 상황에서 타인을 관찰하는 것만으로도 학습이 이루어질 수 있음을 강조하였다. 반두라는 사람들이 능동적으로 주변 사람들의 행동을 다양하게 관찰하고 모방하는 과정을 통하여 학습한다고 주장하였다. 이와 같이 학습자가 관찰하는 대상을 '모델'이라고 부른다. 사람들에게 영향을 주는 모델은 다양하다. 이를테면 학생들은 부모, 연예인들, 또래 친구들, 교사들을 관찰하고 모방하면서 학습한다. 모델링은 하나 혹은 그 이상의 모델을 관찰하여 나타나는 행동적 · 인지적 · 정서적 변화를 가리킨다. 모델링은 억제의 역할, 반응을 촉진하는 역할, 관찰학습 등의 기능을 한다.

타인을 관찰할 때는 관찰의 대상이 자신과 유사성이 많을수록 더욱 관찰의 효과가 높다(Schunk, 1987; Schunk & Hanson, 1989). 특히 목표 행동의 기준이 불확실할 때 관찰자는 타인과의 사회적 비교를 통해서 자신을 평가한다. 가장 정확한 자기평가는 자신과 능력이나 특성 면에서 유사한 대상과의 비교를 통해서 이루어진다(Festinger, 1954). 실제로 8세 5개월~10세 학생 72명을 대상으로 또래 모델링의 효과를 살펴본 연구에 따르면, 또래 모델을 관찰하는 것이 교사 모델을 관찰하는 것보다 자기효능감과 성취를 더욱 향상시켰다(Schunk & Hanson, 1985).

자신의 수행을 스스로 관찰하여 인지적·행동적 변화를 가져오는 자기모델링(self-modeling) 연구에서도 자기모델링은 더욱 높은 자기효능감과 동기를 나타냈다(Dowrick, 1983; Hartley, Bray, & Kehle, 1998). 자기모델링 연구들은 실험 참여자가 문제를 푸는 모습을 비디오로 찍은 후, 이를 본인에게 보여 주는 방식으로 수행되었다. 데일 슝크와 그의 동료들은 54명의 초등학생을 대상으로 자기모델링을 실험하여 자기모델링이 인지기술학습에 유의미한 효과가 있음을 밝혀냈다. 자기모델 비디오는 참여자의 문제풀이 기술의 향상을 가져오면서 자기효능감과 동기를 강화한 것으로 해석된다(Schunk & Hanson, 1989).

연구들을 통하여 다양한 타인을 대상으로 한 모델링, 혹은 자기모델링을 통하여서도 사람들의 자기효능감과 성취가 향상함을 살펴보았다. 다양한 모델의 관찰은 사람들의 자기효능감에 강력한 대리학습의 효과를 발휘하였다.

## 2) 관찰학습

모델링을 통한 관찰학습(observational learning)은 관찰자가 특정 행동에 대한 모델링 이전에는 나타나지 않았던 새로운 행동이 모델링 이후에 나타났을 때 발생한다. 관찰학습은 각 반응이 직접 수행되지 않아도 발생할 수 있으므로 보다 확장된 학습이 가능하다. 관찰학습은 다음의 네 가지 하위 과정을 포함한다(Bandura, 1977; Rosenthal & Zimmerman, 1978).

① **주의**(attention): 모델의 행동을 본격적으로 관찰하기 전에 모델의 행동에 주목하는 단계. 일상의 많은 행동 중에서 우리가 주의를 기울이는 행동을 모방하여 학습하게 되므로 주의 과정은 매우 중요함. 사람들은 자신이 가치 있다고 판단하는 행동에 주의를 기울이게 됨. 이를테면 학교에서 학생들은 유능하다고 지각하는 교사에게 더욱 주의를 기울임. 동기가 주의 과정에 영향을 줌

② **파지**(retention): 주의 단계에서 얻은 정보를 어떻게 잘 기억하는가의 단계. 모델화된 정보를 기억에 저장하기 위해서 부호화하고 변형하는 것뿐 아니라 마음속에서 정보를 시연하는 것까지 포함. 인지적 학습에서는 과정이나 전략을 언어적으로 부호화하여 기억함. 운동 영역에서는 몸의 움직임이 연속적이고 순간적이므로 언어적 부호화보다는 심상적 부호화가 중요함. 학습자가 특정 행동에 주의를 기울이거나 모방하여 곧바로 따라 했다고 해서 이를 모두 기억하는 것은 아님. 기억은 시간을 두

고 이루어지며, 사회적 학습이 일어나기 위한 핵심적인 단계임. 파지 단계에서도 동기가 영향을 줌. 사람들은 본인이 중요하다고 믿는 행동은 더욱 잘 기억함. 기억 활동은 학습과 동기의 상호작용임

③ **재생**(reproduction): 모델링 한 사건의 시각적 · 상징적 개념들, 내면에 기억하는 것들을 행동으로 옮기는 단계. 우리는 일상에서 많은 행동을 관찰하게 되고, 모방하고 싶어 함. 그러나 우리는 각자 자신의 능력에 비추어서 행동 가능 여부를 판단하고, 행동에 옮김. 사람들은 모델을 관찰하여 복잡한 기술에 접근함. 정확한 피드백과 반복적인 훈련을 통해서 자신의 기술을 향상시킴. 연습을 많이 할수록 반응 패턴으로 조직화될 확률이 높음

④ **동기화**(motivation): 특정 행동을 수행하려는 의지, 욕구. 강화를 통해서 특정 행동을 실제로 하게 되는 단계. 강화는 직접강화(direct reinforcement)와 대리강화(vicarious reinforcement)로 분류할 수 있음. 직접강화는 행동에 대한 직접적인 결과로 해당 행동이 강화되는 것. 대리강화는 타인의 강화를 관찰하여 본인도 해당 행동을 하게 되는 것. 이를테면 타인의 강화를 관찰할 때 해당 강화의 유인가가 충분하면 학습자는 해당 행동을 모방하여 실제로 하게 됨

### 3) 바람직한 모델의 특성

모델링은 관찰자가 모델을 만난다고 자동적으로 발생하는 것이

아니다. 관찰자는 모델에게 주의를 기울이고, 모델을 닮고 싶다는 동기유발이 일어나야 한다. 효과적인 모델링을 위해서는 모델 자체의 특성이 중요하다. 바람직한 모델의 특성을 살펴보면 다음과 같다.

첫째, 모델의 역량이다. 관찰자가 모델이 해당 과업에 대하여 높은 능력이 있다고 지각하면 관찰학습을 촉진한다. 관찰자는 모델의 사회적 위치가 높거나, 성공적이거나, 능력이 월등할 때에 모델에게 더욱 많은 주의를 기울이고 모방한다. 또한 관찰자는 모델이 자기 또래이거나 나이가 더 어릴 때에 자기효능감이 더욱 강해질 수 있다. 즉, 저렇게 어린 학생도 잘 해내니까 나도 문제가 없을 것이라고 생각하기 쉽다. 반면에 모델이 매우 복잡한 내용을 너무나 완벽하게 설명해 주면 도리어 관찰자의 동기가 낮아질 수 있다. 즉, 자신은 도저히 모델과 같은 능력을 가질 수 없을 것이라고 지각하면서 동기가 감소할 수 있다. 연구에 따르면, 아동들은 수행을 비교할 때 자신과 비슷한 또래의 수행과 비교하는 경향이 있다(Schunk, 1987). 그러므로 가장 바람직한 모델은 관찰자의 또래이면서 관찰자보다 능력이 약간 더 높은 사람이다. 혹은 능력이 월등한 모델이 한꺼번에 복잡하고 어려운 내용을 쏟아내는 것이 아니라, 알아듣기 쉽게 차근차근 단계를 밟아 나가는 것이다.

둘째, 모델과 자신의 유사성의 지각이다. 모델이 관찰자와 연령, 특성 등에서 비슷할수록 관찰의 효과가 더욱 높아진다. 나와 나이가 비슷한 친구가 성공했으니 나도 열심히 하면 성공할 수 있다고 생각하기 때문에 더욱 높은 성과를 이룰 가능성이 높아진다. 반면에 모델의 실패를 관찰하도록 하는 것은 권하지 않는다. 모델이 실패했으니 나도 성공하기 힘들 것이라고 생각하기 쉽기 때문이다.

모델과의 유사성 지각은 스스로 과제를 수행해 낼 자신감이 부족할 때, 자신의 역량에 대해서 확신이 없을 때 특히 중요하다(Bandura, 1986; Schunk, 1995; Schunk, Pintrich, & Meece, 2008). 앞에서도 살펴보았듯이, 자신과 비슷한 상황의 모델과 자신을 사회적 비교(social comparison)함으로써 자신에 대해서 보다 정확하게 평가할 수 있기 때문이다.

셋째, 모델의 신뢰성이다. 모델의 신뢰성은 관찰자의 동기에 결정적인 영향을 준다. 모델의 말과 행동이 일치하고, 바람직한 행동이 일관적으로 나타나면 관찰자는 모델을 신뢰한다. 관찰자가 모델을 신뢰하면 모델을 모방하려는 동기가 높아져서 더욱 효과적으로 모방이 일어난다(Bandura, 1986). 역으로 모델이 바람직한 말을 하지만 행동이 따르지 않거나, 바람직한 행동을 하지만 일회성에 그치고 말면 관찰자는 모델을 신뢰하지 않는다. 신뢰하지 않는 모델을 모방하는 관찰자는 없다. 모델의 신뢰성은 관찰학습의 효과를 높이는 데 매우 중요한 역할을 한다.

넷째, 모델의 열의이다. 모델이 열의를 다해서 자신의 생각을 표현하고 행동하면 관찰자의 자기효능감과 학습 등이 더욱 효과적으로 향상된다. 사람들의 존경을 받으며, 청소년들의 롤 모델이 되는 명사들의 강의를 들어 보면 그들은 모두 열의가 가득 찬 강의를 한다. 사람들이 존경하고 따르려고 애쓰는 인물들은 열정이 가득한 사람들이다. 자신의 과업에 냉담하게, 관심 없는 듯한 태도의 사람들은 다른 사람들의 모델이 되지 못한다. 사람들은 열의가 있는 모델에게 끌리고, 더욱 많은 주의를 기울이며 신뢰한다. 모델의 열의는 관찰자의 동기를 유발하고 학습을 강화한다.

# 2. 자기효능감이론

## 1) 자기효능감의 특성

자기효능감(self-efficacy)은 "특정 과제를 성공적으로 수행하기 위하여 요구되는 일련의 행동을 조직하고 수행할 수 있는 자신의 능력에 대한 스스로의 판단"으로 정의할 수 있다(Bandura, 1986). 반두라는 자기효능감이론을 통하여 동기와 학습의 예측자를 밝혀 내려고 노력하였다. 자기효능감은 자신의 효능성을 스스로 어떻게 인식하는지를 다루는 것이므로 '자기효능성에 대한 신념 또는 기대'라고 볼 수 있다. 자기효능감은 자신의 유능성에 대한 지각(perceived competence)과 인과 귀인을 연결하는 개념이다(Bandura, 1977). 사람들은 효능 기대를 정하여 동기를 유발하고 행동을 수행한다. 효능 기대가 긍정적일수록 사람들은 과제 수행에 더욱 적극적이다. 과제에 더욱 끈기 있게 매달린다. 반면에 효능 기대가 낮을수록 난이도가 낮은 과제를 선택하고, 난이도가 높은 과제를 회피한다. 즉, 자기효능감은 사람들이 행동을 선택하고 노력하는 데 영향을 준다(Schunk & Pajares, 2005; Zimmerman, 1995). 사람들은 노력을 하면 과제 수행이 가능하겠다고 믿을 때 더욱 열심히 과제에 매달린다. 반면에 열심히 해도 성과가 없을 것 같으면 난이도가 낮은 쉬운 과제를 선택하거나 해당 과제를 포기한다.

자기효능감은 자기결정성이론에서 제시하는 '지각된 유능감(perceived competence)'과 유사하지만, 구분되는 개념이다(Schunk,

Pintrich, & Meece, 2008). 자기효능감과 지각된 유능감의 공통점은 이 둘 모두 '자신의 능력에 대한 스스로의 판단'이라는 점이다. 그러나 자기효능감과 지각된 유능감은 몇 가지 명확한 차이점을 갖는다.

첫째, 자기효능은 '능력'과 같지 않다. 자기효능은 기술에 더하여 견디기 힘든 상황에서도 이러한 기술들을 효과적인 수행으로 전환하는 능력까지 포함한다. 즉, 자기효능감은 '일련의 행동을 조직하고 실행하는 것'까지 포함한다. 자기효능은 개인적 능력을 효과적인 수행으로 전환시키는 방법들을 발생시키는 그 생성능력까지 포함한다. 예를 들어, 등산의 기본 기술들을 잘 익힌 등산가가 있다고 가정하자. 그는 지도를 보고, 가파른 길을 올라가고, 바위를 타고, 오랜 시간 걸을 수 있는 체력을 갖추고 있다. 그런데 산행 중에 갑자기 눈보라가 세게 쳐서 시야가 희미해질 때 등산가의 능력이 시험대에 오른다. 이러한 상황에서 등산가의 등산에 대한 자기효능감이 중요하다. 이 어려운 상황에서 매우 숙련된 등산가도 당황하여 길을 헤매거나 사고를 당할 수 있다. 이와 같이 어려운 상황에서도 자신이 잘 대처해 나갈 수 있다고 판단하고, 어려운 상황임에도 불구하고 등산을 무사히 하기 위한 일련의 행동들을 조직하고 실행하는 것이 자기효능감이다. 즉, 자기효능은 단순한 능력을 넘어서서 자신의 기술을 조직하고 조화롭게 구성하는 능력이다.

둘째, 자기효능감은 지각된 유능감에 비해서 보다 더 구체적이다. 이를테면 자기효능감 연구를 수행할 때는 '일반적으로 학습에 자신감'이 있는지를 측정하여 자기효능감을 측정하지 않는다. 수학의 분수 문제풀이, 작문, 실험실습 등의 구체적인 과제를 주고 각 영역에서의 과제를 수행할 때의 자기효능감을 각각 측정하여 이를 평균을 내어 사용한다(Bong, 2001; Pajares, 1996).

셋째, 자기효능감은 맥락을 고려하는 상황적 관점을 갖는다. 그러므로 자기효능감은 특정 목표의 유형에서만 한정하여 사용이 가능하다. 즉, 자기효능감은 일반적인 것이 아니라 영역 특수적(domain specific)이다. 수학 과목에 대해서 자기효능감이 높다고 해서 과학 과목에 대한 자기효능감도 높은 것이 아니다. 자기효능감은 지극히 영역 특수적, 맥락을 고려하는 상황적 관점을 갖는다.

자기효능감은 성취 행동의 중요한 매개변인이다. 자기효능감은 자신의 능력에 대해서 개인적 판단을 내리는 것이고, 또한 매우 상황 특수적, 영역 특수적이다. 자기효능감은 과제의 특성, 과제가 주어지는 환경적 요인, 개인의 그날의 정서적 · 신체적 상태에 따라 달라질 수 있다. 자기효능감은 보다 역동적이고 끊임없이 변화가 가능하다.

학업 상황에서 자기효능감, 즉 학업적 자기효능감은 학업성취도의 강력한 예언자이며, 이와 관련하여 다양한 선행연구가 보고되고 있다. 학업적 자기효능감은 학습 상황에서 과제를 수행하기 위하여 필요한 행동들을 조직하고 실행해 나가는 자신의 능력에 대한 주관적인 판단이다(Bandura, 1977; Schunk, 1996). 학업적 자기효능감은 다면적 변인으로서 학습과 관련한 다양한 변인을 예측해 주고, 상당히 지속적인 특성을 갖는다.

### 2) 자기효능감의 영향

자기효능감의 영향력은 다양하며, 다음과 같이 구분할 수 있다.

첫째, 자기효능감은 사람들의 노력과 끈기에 결정적인 영향을 준다. 자기효능감이 높을수록 사람들은 회피 전략이 아니라 접근 전략을 사용한다. 접근 전략을 사용하는 자기효능감이 높은 사람들은 더욱 많이 노력하고, 과제 지속성도 높았다. 자기효능감이 높은 사람들은 좌절 후에 빠르게 자기회복에 들어간다. 끈기 있는 작가들, 과학자들, 운동선수들이 좋은 예이다. 지속적인 노력은 '노력할 수 있는 힘'이 있어야 가능하고, 노력할 수 있는 힘은 자기효능이 높을수록 더욱 증가한다. 다만, 이때 과제 해결에 필요한 기본적인 기술을 이미 확보하고 있어야 노력을 더욱 기울이며, 과제 지속력이 높을 수 있다(Schunk, 1995; Schunk, Pintrich, & Meece, 2008). 기본 기술은 갖추지 않고 자기효능감만 높아서는 장기적으로 과제 지속력이 높기 어렵다.

둘째, 자기효능감은 사람들의 고차원적 사고와 원만한 의사결정을 촉진한다. 강력한 자기효능감은 어려운 상황에서도 과제에 집중할 수 있도록 도와준다. 또한 자기효능감이 높을수록 노력의 질적 수준이 높아진다. 예를 들어, 자기효능감이 높은 학생들은 효능감이 낮은 학생들에 비해서 인지적 학습전략과 자기조절 학습전략을 더욱 많이 활용하였다(Garcia & Pintrich, 1991; Graham & Golan, 1991; Pintrich & Schrauben, 1992).

반면에 자기의심은 자기효능과 반대되는 개념으로서 자신이 제대로 과업을 수행할 수 있을지, 위험한 순간에 대처능력이 있는지에 대해서 자신감이 없어 불안과 두려움을 느낀다. 자기효능을 의심하는 사람들은 어려움이 생기면 쉽게 위협을 느끼고 좌절한다. 자기의심은 주의집중을 방해하고, 과제집중적 사고를 방해한다(Bandura,

1986). 자기효능을 의심하는 사람들은 어려움이 생기면 쉽게 위협을 느끼고 좌절한다. 그러므로 자기효능감이 낮은 사람들은 접근전략을 사용하지 못하고 회피전략을 쓰게 된다. 과제에 정면으로 돌파하지 못하고 회피하는 사람들은 발전하지 못한다.

셋째, 강력한 자기효능감은 우리의 정서를 안정시켜 준다. 자기효능감이 높은 사람들은 과제의 도전성에 집중하고, 자신의 과업에 대하여 열의와 낙관성을 보인다. 즉, 자기효능감이 발동하여 일단 과업의 수행이 시작되면 불안은 줄어든다. 사람들은 정작 일을 하지 않으면서 일을 안 해서 어쩌나 하고 걱정만 한다. 그러면서 불안감만 점점 더 높아진다. 반면에 자기효능감이 약한 사람들은 개인적 결함, 비관, 불안을 먼저 생각한다. 자신의 개인적 결함에 초점을 맞추고, 자신에게 다가올 어려움들을 끊임없이 생각해 내면서 불안해 하고 비관한다. 자기효능감이 증가되면 불안과 공포가 낮아진다(Bandura, 1988). 낮은 자기효능감은 불안의 근원이다. 효능감은 진로 선택에도 영향을 준다. 진로를 정할 때는 개인의 내적 요인들뿐 아니라 다양한 외부 요인도 영향을 준다. 이때 자기효능감은 이들 외부 요인들의 영향을 매개하는 가장 중요한 요인이다(Hackett & Betz, 1984). 강력한 자기효능감은 우리의 정서를 안정화시켜 주지만, 자기효능을 의심하는 사람들은 어려움이 생기면 쉽게 위협을 느끼고 좌절한다.

### 3) 자기효능감의 정보원

자기효능감은 개인적 행동 이력, 대리경험, 언어적 설득, 자율적 목표 설정에 의해서 영향을 받는다.

### (1) 개인적 행동 이력

사람들의 자기효능감에 가장 큰 영향을 주는 것은 직전의 성취이다(Bandura, 1986). 지난번 시험에서 전교 1등을 한 학생은 자기효능감이 높을 확률이 크다. 이전에 승진에서 5번 낙방한 사람은 당연히 승진에 대한 자기효능감이 낮을 것이다. 유능하다고 평가받은 과거의 이력은 자기효능감을 증진시킨다. 무능하다고 판단된 과거의 이력은 자기효능감을 감소시킨다. 일단 개인의 지난 행동 이력이 강한 자기효능감을 발생시키면 가끔씩 무능한 수행을 해도 자기효능감이 많이 낮아지지 않는다.

### (2) 대리경험

**"네가 먼저 시범을 보여 줘. 그러면 내가 잘 볼게."**

대리경험은 자신이 앞으로 할 행동을 모델이 미리 하고, 본인은 이를 관찰하는 것을 포함한다. 모델이 능숙하게 일을 해 나가면 관찰자 자신의 자기효능감이 높아진다(Schunk, Pintrich, & Meece, 2008). 다른 사람이 특정 행동을 수행하는 것을 관찰하면 '사회화 비교 과정'이 시작된다. 사회화 비교 과정이 긍정적으로 작용하면 "네가 해내는 것을 보니까 나도 할 수 있겠어"가 된다. 반면에 특정 행동을 잘 못하는 사람을 관찰하면 대리경험이 도리어 자기효능감을 낮춘다. "만약 네가 못한다면 난들 어떻게 해낼 수 있겠어?" 모델이 관찰자와 비슷할수록 모델의 영향력이 더욱 크다. 또한 관찰자가 해당 행동에 대한 경험이 적을수록, 해당 행동이 새로운 시도일수록 대리경험의 영향이 더욱 크다(Schunk, 1989). 모델이 자신과 비슷할수록 해당 모델이 성취하는 것을 관찰하는 것이 자기효능감을 높이는 데 효과적이다. 특히 모델이 성취 결과에 대한 보상을 받는 것까지 관찰하면 더욱 효과적이다.

### (3) 언어적 설득

능력 있고 신뢰성 높은 모델이 "너는 할 수 있다"라고 설득하면 자기효능감이 증가한다. 모델이 개인적 강점과 잠재력에 초점을 맞추고 격려하면 자기효능감이 증가한다. 그러나 언어적 설득은 직접적인 경험에 반하지 않는 범위까지만 가능하다. 언어적 설득은 일시적이고 잠정적인 효능감 증진에 효과적이다(Schunk, 1991).

### (4) 자율적 목표 설정

사람들은 자신이 스스로 목표를 설정할 때 자기효능감이 더욱 높아진다. 자기효능감은 목표를 다 이루었을 때가 아니라, 목표를 달성해 나가는 과정에서 발생한다. 도달하기 쉬운 목표는 다 이루었다고 해도 사람들의 자기효능감을 높여 주지 못한다. 중간에 어려움이 다소 있더라도 높은 수준의 목표를 설정하면 목표를 이루는 과정에서 점차 자기효능감이 높아지고 성취도 증진된다. 이때 기억할 것은 무조건 높은 수준의 목표를 설정하는 것이 아니라, 현재 자신의 수준보다 약간 높은 수준의 적절한 난이도의 목표를 설정하는 것이다.

제6장

# 자아개념

1. 자아개념의 정의와 구성요소
2. 자아개념과 동기
3. 학업적 자아개념의 특성 및 학업적 자기효능감과의 비교
4. 큰 물고기 작은 연못 효과

자아개념은 인간이 자신에 대해서 갖는 정신적 표상이다. 사람들이 다른 사람들에 대해서, 특정 장소에 대해서, 특정 사건들에 대해서 정신적 표상을 갖듯이 자신에 대해서도 정신적 표상을 갖는다. 이때 특히 주요한 타인의 평가, 강화, 자신의 행동에 대한 귀인 등으로부터 영향을 받는다. 자아개념은 인간의 발달 초기부터 형성되며, 지극히 주관적이고 개별적인 것이다. 일단 형성된 자아개념은 일생을 두고 인간의 삶에 많은 영향을 준다. 특히 자아개념은 사람들의 동기, 성취와 밀접한 관련을 갖는다. 이 장에서는 자아개념과 학업적 자아개념의 특성 및 영향에 대해서 살펴본다.

## 1. 자아개념의 정의와 구성요소

자아개념은 인간이 자신을 둘러싼 환경으로부터 얻는 경험과 해석을 통해서 형성되는 자신에 대한 지각이다(Marsh & O'Mara, 2008; Schunk, Pintrich, & Meece, 2013). 자아개념은 사회적 비교, 주요한 타인의 인정과 평가, 자신의 사회적 경험들로부터 강한 영향을 받으며 형성된다. 자아개념은 우리가 자신을 자신으로서 설명하고, 자신에 대한 인상이나 감정 그리고 태도를 조직하는 하나의 도식을 세우는 시도이다(Hilgard, Atkinson, & Atkinson, 1979; Rosenberg, 1979). 자아개념은 조직적이고, 다면적이고, 안정적이고, 평가적이고, 그러면서도 발달가능하고, 분화적이다. 자아개념이 안정적인 구인이기는 하지만, 영구적인 것이 아니다. 우리의 자기 지각은 상황에 따라 변할 수 있다. 우리의 삶이 한 국면에서 다른 국면으로 전환할 때에도 자기지각이 변할 수 있다.

사람들이 '자기'에 대해서 정의할 때 수많은 개인적 삶의 경험을 모두 기억해 내는 것이 아니다. 사람들이 '자기'를 정의할 때는 다양한 경험에 기반하여 대표적이고 일반적인 결론을 도출하여 활용한다. 즉, 우리는 "5학년 때 동물원으로 소풍 갔을 때 친구가 돼지라고 놀려서 울었다" "나의 단짝 친구는 형편이 어려워서 늘 용돈이 부족했다. 우리는 영화를 좋아했는데, 나는 영화를 보러 갈 때마다 그럴듯한 구실을 대어 내가 영화표를 두 장 구입하고는 했다"는 특수한 경험들로부터 '자기'를 정의하는 것이 아니다. 오히려 우리는 일반적 결론, 즉 "나는 친구 관계에서 마음이 약한 편이다" "나는 친구를 배려하는 편이다"로 '자기'를 구성한다. '마음이 약한 편이다' '배려하는 편이다'는 일반화는 자기도식(self-schema)의 한 예이다. 자기도식은 과거 경험들로부터 학습된 '자기'에 대한 인지적 일반화이다. 자기도식은 영역 특수적이다(Markus, 1977, 1983). 친구와의 관계에서 '마음이 약한 나'는 공적인 업무 처리 상황에서 '카리스마 넘치는 나'일 수 있다. 수학에 재능을 보이는 나는 과학에 도무지 흥미가 없을 수 있다. 소심하다는 것은 자아개념을 통칭하는 것이 아니라, 친구와의 관계라는 영역특수적인 특성이다.

우리는 자신의 삶에서 상징적이고 중요한 영역의 자기도식들을 포함하여 자아개념을 형성한다. 이를테면 아동 초기의 주요 삶의 영역은 인지적 · 신체적 능력, 친구들의 수용감, 친밀한 우정, 태도, 도덕성 등을 포함한다. 초등학교 1, 2학년 학생들도 대학생이 되면 주요 삶의 영역이 학업능력, 지적 역량, 창의성 운동능력, 신체적 외모, 친구의 수용감, 친밀한 우정, 낭만적 관계, 부모와의 관계, 도덕성, 유머 감각 등이 포함된다(Harter, 1990; Neemann & Harter, 1986; Schunk et al., 2008). 우리의 자아개념은 이들 주요 삶의 영역들을 포함하는 자기도식들이 모인 총합이다. 그러므로 인생의 주기 속에서 삶의 국면이 바뀔 때마다 주요 삶의 영역이 변화하고, 자기도식의 범위들이 달라지며, 자아개념도 변화할 수 있다. 주요 삶의 영역들은 사람마다 개인차가 있지만, 전형적으로 연령에 따른 자기도식의 전형적인 구조는 존재한다(Harter, 1988; Markus & Sentis, 1982).

자아개념은 어린 시절부터 부모, 가족 구성원에 의해 영향을 받으며 형성되기 시작한다. 성장해 나가면서는 친구, 학교 또래들, 교사 등의 주요한 타인들에 의해서 영향을 받는다. 약 7세경까지 아동은 자신을 전체적으로 이해하는 경향이 있다. 즉, 7세까지는 아동이 긍정적 자아개념을 갖는다면 자신이 전체적으로 수행을 잘한다고 가정한다. 그러나 연령이 높아질수록 자신에 대한 이해는 점점 더 분화된다. 예를 들어, 13세 소년은 자신이 의리 있는 친구이지만 가족에게는 다소 이기적이고, 학교에서 수학 과목은 흥미롭고 잘하지만, 음악은 잘하지 못한다는 식으로 분화된 자아개념을 갖는다. 연령이 높아질수록 사람들은 자신에 대한 보다 많은 독립된 개념, 그러면서도 동시에 서로 밀접하게 관련된 자아개념들을 갖는다. 일부 연구는 초등학교 1, 2학년 때 이미 아동들이 유능성에 대한 영역 특수적 자기지각을 한다고 제시하였다(Eccles, Wigfield, & Schiefele, 1998).

자아개념 연구의 흐름을 살펴보면 연구 초반에는 자아개념을 총체적이고 일반적인 구인으로 다루었다. 그러나 연구가 발전하면서 자아개념에서 중요한 논점은 '영역 특수적 자아개념'이다. 이를테면 사람들의 자아개념 영역 특수성은 ① 학업적 유능성, ② 사회적 유능성, ③ 신체적 유능성으로 종종 구분한다. ① 학업적 유능성은 학교 과제에 대한 학생들의 유능성 지각과 관련을 갖는다. ② 사회적 유능성은 타인과의 상호작용에서의 자신의 유능성에 대한 지각이다. ③ 신체적 유능성은 신체활동에서의 유능성, 신체적 매력, 외모에 대한 지각 등을 포함한다(Wigfiedl & Karpathian, 1991). 옥스포드 대학교의 허버트 마쉬(Herbert W. Marsh) 교수는 학생들의 일반적인 자아개념을 3개의 하위 자아개념으로 나누었다. ① 비학구적 자아개념, ② 학구적 영어 자아개념, ③ 학구적 수학 자아개념이다. 이 세 가지 하위 개념의 자아개념은 보다 특수하고 분리된 자아개념이면서 동시에 서로 관련되어 있다.

① 비학구적 자아개념은 신체적 능력, 신체적 외모, 또래와의 관계, 부모와의 관계로 다시 분화된다.
② 학구적 영어 자아개념은 부모와의 관계, 읽기, 일반적인 학교생활로 분화된다.
③ 학구적 수학 자아개념은 부모와의 관계, 일반적인 학교생활, 수학으로 분화된다(김아영, 1997; Marsh & Shavelson, 1985).

자아개념이 형성되는 데에는 다음과 같은 요건들이 핵심적인 구성 요소이다(Bong & Skaalvik, 2003).

① **준거의 틀**(frames of reference): 자아개념은 '타인과의 사회적 비교'를 바탕으로 형성된다. 그러므로 이와 같은 비교에 활용되는 참고의 틀이 중요한 역할을 한다(Marsh, 1986).

② **인과적 귀인**(causal attribution): 사람들이 자신의 성공이나 실패의 원인을 어디에서 찾는가 하는 귀인과 자아개념은 상호작용적 관계를 갖는다(Skaalvik, 1997; Stipek, 1993). 이를테면 자신의 성공을 스스로의 노력으로 귀인하면 긍정적 자아개념, 자아존중감을 향상시킨다. 역으로 긍정적 자아개념은 자신의 성공의 원인을 자신으로 귀인한다. 이와 같이 자아개념과 인과적 귀인은 서로에게 영향을 미치며 유기적 관계를 갖는다. 부정적 자아개념과 귀인 역시 마찬가지로 상호작용적 관계를 가지며 악순환을 거친다.

③ **주요한 타인으로부터의 숙고된 평가**(reflected appraisal): 사람들은 '다른 사람들이 자신을 평가할 것이라고 믿는 대로 스스로도 자신을 바라보는 경향'이 있다. 자아는 타인들의 숙고된 평가들이 결정적 영향을 준다. 즉, 타인의 평가가 우리의 자아개념에 매우 중요한 역할을 한다. 메릴랜드대학교의 모리스 로젠버그(Morris Rosenberg) 교수는 자아개념을 구성하는 데 가장 중요한 역할을 하는 것이 타인의 평가라고 강조하였다(Rosenberg & Pearlin, 1978; Rosenberg, Schooler, & Schoenbach, 1989).

④ **숙달 경험**(mastery experience): 자기도식은 특정 영역에서의 개별적인 과거의 경험으로부터 생성된다. 과거의 경험들 중에서 자신과 관련이 있다고 여겨지는 정보들은 자기도식에 의해서

후속 처리된다. 자기효능감에서와 마찬가지로 자아개념에서도 이전의 숙달 경험들은 자아개념의 형성에 중요한 역할을 한다(Skaalvik, 1997).

⑤ **심리적 중심성**: 사람들은 자신이 심리적으로 가장 중요하다고 지각하는 영역에서 스스로 평가하기를 잘하고 있다, 바람직하다고 평가해야 비로소 긍정적인 자아개념이 생성된다. 자아존중감은 학생들이 가장 중요하다고 생각하는 영역에서 그들이 최고로 잘 수행하고 있다고 지각할 때에 생겨난다(Harter & Mayberry, 1984).

## 2. 자아개념과 동기

자아개념은 내재적 동기와 밀접한 관련을 갖는다. 자아개념이 내재적 동기와 관련을 갖는 구체적인 과정을 살펴보면 다음과 같다.

첫째, 일단 자아개념이 형성되면 사람들은 자신의 자아개념과 일치하는 방향으로 자신의 행동 방향을 설정한다. 이를테면 A는 자신이 친구들과의 관계에서 다른 사람들을 배려하는 편이라고 생각한다고 가정하자. 그러면 A는 앞으로의 행동 방향도 '친구들과의 관계에서 배려심을 발휘하는 나'라는 자기견해(self-view)를 확인하는 쪽으로 방향을 잡는다. 자아개념과 일치하는 방향으로 일관성 있게 행동하면 사람들은 자기확인(self-confirmation)의 편안함을 경험한다. 반면에 자아개념과 일치하지 않는 행동들은 동기적 긴장을 유발한다. 자아개념과 맞지 않는 행동들은 자기부정(self-disconfirmation)

에서 오는 긴장을 경험한다(Schunk et al., 2008).

사람들은 '일관된 자기(consistent self)'를 보존하려고 노력한다(Tesser, 1988). 사람들은 일관성을 추구하며 지속적으로 자기도식과 일치하는 방향으로 행동하려고 노력한다. 자아개념과 일치하는 정보, 일관성 있는 정보를 적극적으로 추구한다. 그런데 때때로 현실에서는 자신이 추구하는 '자기'에 대한 표상과 실제의 '자기'가 불일치하는 상황들이 발생한다. 이러한 불일치가 부정적인 방향으로 심각한 경우에 사람들은 심리적 혼란을 겪는다. 이를테면 자신은 스스로에 대해서 최고의 스타 선수라고 자기도식을 하고, 이러한 방향으로 일관된 자기를 보존하려고 노력하고 있는데 현실에서는 프로 선수 순위에도 들지 못했다면 그의 좌절은 매우 크다.

자신의 긍정적 자기견해와 불일치하는 자신에 대한 부정적 정보, 부정적 상황은 심리적으로 매우 혼란스러운 상태이다. 그러나 다른 한편으로는 이 지점이 바로 사람들의 자아개념과 동기가 강하게 연결되는 부분이기도 하다. 어떤 사람들은 부정적인 상황에서 좌절하고 포기해 버린다. 하지만 어떤 사람들은 다양한 방어기제를 활용하여 긍정적인 자기견해를 유지하려고 노력한다. 자기견해에 대한 부정적 정보에 대해서 사람들이 활용하는 주요 방어기제들을 살펴보면 다음과 같다.

① **불일치 타인 의도적 기피:** 일부는 자신의 자기견해와 불일치하는 방식으로 자신을 대하는 타인들을 의도적으로 기피한다. 이들은 자기견해를 확인해 주는 친구들을 선택하여 자기확인적 피드백의 가능성을 높인다. 그리고 자기부정적 피드백을 더욱

낮춘다. 이와 같은 '선택적 상호작용'을 통하여 우리는 친구, 배우자, 멘토를 선택한다. 즉, 우리는 자기견해를 유지할 수 있도록 해 주는 사람과 상호작용을 하고 싶어 한다.

② **부정적 피드백 부정**: 자신에 대한 부정적 피드백을 받아들이지 않음으로써 자신의 긍정적 자기견해를 유지한다. 이를테면 '피드백 자체가 타당하지 않다' '피드백의 출처가 믿을 만하지 않다' '피드백이 중요하지 않다' '피드백이 적절하지 않다'는 식으로 피드백을 부정한다.

③ **보상적 자기부풀림**(self-inflation): 사람들은 긍정적인 자기견해의 유지를 위해서 자기확언(self-affirmation) 또는 자신의 긍정성에 대한 자기부풀림을 통하여 부정적 피드백을 상쇄시킨다.

둘째, 자아개념은 '현재의 자기'를 보다 바람직한 '미래의 자기'로 만들어 가기 위해 동기를 유발한다. 이상적인 '자기'를 추구하는 것은 일관성 있게 자기견해를 유지하는 것과는 명확히 구분되는 동기의 과정이다. 미래의 바람직한 '자기'를 추구하는 것은 자아개념의 발들을 유도하는 과정이다. 반면에 일관된 자기견해는 자아개념의 안정성을 확인하는 과정이다.

우리가 자아개념과 일관되게 행동하려고 하기 때문에 '마음이 약한 나'의 부정적 자기도식보다는 '친구들을 배려하는 나' '타인의 평가를 수용하는 나' 등으로 자신에 대해서 긍정적인 자기도식을 형성하려고 의도적으로 노력하는 것이 바람직하다. 긍정적인 자기도식이 쌓여서 긍정적인 자아개념이 형성되고, 우리는 긍정적인 자아개념에 일치하도록 자신의 행동 방향을 정하기 때문이다. 일단 자아개념이 형성되면 상당히 안정적이므로 자아개념을 바꾸는 것이 쉽게 이루어지지는 않는다. 하지만 불가능한 것도 아니다. 긍정적인 자아개념을 안정적으로 형성하는 것, 부정적인 자아개념이 형성되었을 때는 상당한 노력을 통하여 이를 변화시키는 것 등이 필요하다.

## 3. 학업적 자아개념의 특성 및 학업적 자기효능감과의 비교

자아개념은 자기효능감과 함께 교육심리학, 심리학, 정신과학 분야에서 가장 많이 연구되는 핵심 구인 중 하나이다. 발달심리학 연구와 많은 아동프로그램에서 자아개념과 자기효능감은 사회적 · 정서적 발달에 가장 중요한 구인이다(Kagan, Moore & Bredekamp, 1995; Marsh, Ellis, & Craven, 2002). 학업 상황에서의 자기효능감을 학업적 자기효능감이라고 한다.

자아개념 내에서도 '학업적 자아개념'은 성공적인 교육성과를 위해서 매우 중요하게 연구되는 구인이다. 학업적 자아개념은 학업 상황에서의 자신에 대한 지각을 가리킨다. 학업적 자아개념은 사회적 · 정서적 상황 속에서의 학업적 자아개념, 일반적인 일상 속에서의 학업적 자아개념 등으로 다양하게 연구되어 왔다(Marsh & Craven, 2006; Marsh, Parada, Craven, & Finger, 2004). 연구들에 따르면 학업적 자아개념이 높을수록 긍정적 정서가 높고, 내재적 동기가 증가하고, 과제에 더욱 관여하며, 지속적으로 과제에 몰두한다(Gottfried, 1990; Meece, Blumenfeld, & Hoyle, 1988; Skaalvik &

Rankin, 1995; Skaalvik & Vals, 1999; Skinner, Wellborn, & Connell, 1990; Zimmerman & Kitsantas, 1999). 학업적 자아개념이 높을수록 학생들은 높은 성취도를 보였다(Bandura et al., 1996; Pajares et al., 1999; Schunk & Swartz, 1993).

학업적 자아개념과 공통점이 많은 학업적 자기효능감 역시 ① 긍정적 정서, ② 내재적 동기, ③ 지속적인 노력, ④ 성과 등과 강력한 관계를 갖는다(Bandura & Schunk, 1981; Marsh, Walker, & Debus, 1991; Pajares & Miller, 1995). 자아개념과 자기효능감, 학업적 자아개념과 학업적 자기효능감은 비슷한 특성을 갖는다. 일부 연구들은 자아개념이 보다 포괄적인 개념으로서 자기효능감을 포함하는 것이지, 이 둘이 구분되는 구인이 아니라는 주장을 할 만큼 두 구인은 공통점이 많다.

그러나 다른 한편으로는 많은 연구가 자아개념과 자기효능감의 개념이 겹치기는 하지만 명확히 구분되는 부분들이 있다는 연구 결과들을 제시하였다. 우선 타인과의 비교, 사회적 비교의 측면에서 자아개념과 자기효능감은 차이가 난다. 학업적 자아개념과 학업적 자기효능감의 주요 차이점을 보다 구체적으로 살펴보면 다음과 같다(Bong & Skaalvik, 2003).

첫째, 자아개념은 타인과의 비교, 주요한 타인의 인정 등이 핵심적인 기능이다. 허버트 마쉬(Herbert W. Marsh) 교수에 따르면, "내 또래의 다른 학생들과 비교해 보면 나는 수학 과목에서 우수해"라는 식으로 우리는 사회적 비교를 통하여 자아개념을 형성해 나간다. 반면에 자기효능감은 상대적으로 목표-참조적 구인으로서 상대적으로 타인과의 비교가 적다. 학업적 자아개념은 상대평가라면, 학업적 자기효능감은 절대평가이다.

둘째, 학업적 자아개념은 스스로의 성취 상황에 대한 지식과 지각을 가리킨다. 흔히 학업적 자아개념은 '특정 과목(subject)'에 대하여 발생한다. 반면에 학업적 자기효능감은 지정된 수준에서 주어진 '특정한 학업적 과제(task)'를 성공적으로 수행할 수 있다는 자신감을 가리킨다. 학업적 자아개념이 상당히 안정적인 구인이고 과거지향적이라면, 학업적 자기효능감은 상대적으로 유동적이고 미래지향적이다.

셋째, 학업적 자아개념은 지각된 유능감이 중심 요소이다. 반면에 학업적 자기효능감은 지각된 자신감이 중심 요소이다. 자신의 유능감을 지각하는 것은 학업적 자아개념을 형성하는 데 핵심적인 과정이다(Marsh, 1990, 1992; Wigfield et al., 1997). 구체적인 특정한 과제와 영역에 대하여 자신감을 갖는 것은 학업적 자기효능감을 형성하는 데 핵심적인 과정이다.

넷째, 학업적 자아개념은 불안, 만족, 자아존중감 등의 정의적 반응을 더욱 잘 예측하게 해 준다. 반면에 학업적 자기효능감은 인지적 영역과 실제적인 성취, 자기통제적 과정들을 잘 예측한다. 이를테면 학업적 자기효능감은 목표 설정, 과제의 지속성, 노력, 과제 성과 등과 밀접한 관련을 나타낸다(Bong & Clark, 1999).

다섯째, 학업적 자아개념과 학업적 자기효능감 모두 다면적이고 위계적인 구인이다. 그러나 학업적 자기효능감이 학업적 자아개념보다 상대적으로 위계의 정도가 낮다.

## 4. 큰 물고기 작은 연못 효과

'큰 물고기 작은 연못 효과(Big-Fish-Little-Pond Effect: BFLPE)'는 우수한 학생들이 모여 있는 특수 학교에 속한 학생들은 학업적 자아개념이 낮아지는 부정적 효과가 있다는 이론이다. 다시 말해서 개인의 능력은 학교 혹은 학급의 평균적인 성취를 높여 준다. 또한 개인의 능력은 개별 학생들의 학업적 자아개념도 높여 준다. 그런데 학교나 학급의 평균 성취도가 높은 것은 개별 학생들의 학업적 자아개념을 저해한다(Marsh & Hau, 2003; Seaton et al., 2008). 이는 우수한 집단에 속하게 되면 주변의 우수한 학생들과 자신을 끊임없이 비교하면서 자신감이 낮아지고, 자신에 대해서 부정적 자아개념을 갖게 되는 것으로 설명할 수 있다. '큰 물고기 작은 연못 효과'는 이와 같은 학업적 자아개념의 사회적 비교 속성에 터한 이론이다. 사람들은 다른 사람들의 학업성취도와 비교하면서 자신의 학업적 자아개념을 형성한다(Bong & Skaalvik, 2003; Guay, Ratelle, Roy & Litalien, 2010; Guay, Marsh, & Boivin, 2003; Marsh & Martin, 2011; Marsh & Scalas, 2011). 그러므로 우수한 학교에 입학하여 같은 학급, 같은 학교의 동료들과의 성적 비교에서 자꾸 뒤떨어지면 자연스럽게 학업적 자아개념이 낮아지는 것이다. '큰 물고기 작은 연못 효과'는 자신보다 약간 더 높은 수준의 학생들과 학습하면 성취가 뛰어난 학생들의 영향으로 자신의 성취가 더욱 향상하고, 본인에 대한 자기평가에 손상을 받지는 않는다는 기존의 일부 주장들과는 정반대의 결과이다(Blanton, Buunk, Gibbons, & Kuyper, 1999; Huguet, Dumas, Monteil,

& Genestoux, 2001).

'큰 물고기 작은 연못 효과'를 입증하는 다양한 연구를 살펴보면 다음과 같다. 연구에 따르면, 수학 학업성적이 다른 학교들보다 월등히 우수한 학교의 학생들은 수학 과목에 대한 학업적 자아개념이 유의미하게 낮았다(Seaton, Marsh, & Craven, 2009). 학급의 학업성취도 평균이 높을수록 학업적 자아개념이 낮아지고, 과목에 대한 열망(aspiration)과 긍정적 정서도 낮아졌다(Marsh et al., 2014).

마쉬 교수와 동료들이 독일의 147개 학교 2,306명을 대상으로 수행한 연구에서도 학교의 학업성취도가 높을수록 학생들의 학업적 자아개념은 낮았다(Marsh et al., 2007). 학급 단위에서도 학급의 학업성취도 평균이 높을수록 학업적 자아개념이 낮아지고, 과목에 대한 열망과 긍정적 정서도 낮아졌다(Marsh et al., 2014). 네덜란드의 95개 학교, 651개 학급, 15,356명의 9학년 학생을 대상으로 수행한 '큰 물고기 작은 연못 효과' 연구 결과, 자신의 학교 내에서도 학업성취도가 높은 학급에 속한 학생들이 더욱 학업적 자아개념이 낮았다. 학업적 자아개념은 학급 평균 성적에 더욱 영향을 많이 받았다. 또한 개별 학생들의 수준에서 보면 대단위 규모의 표준화된 시험보다 성적표에 나타나는 등수에 더욱 민감하게 반응하였다. '큰 물고기 작은 연못 효과'는 가장 똑똑한 학생이나, 가장 뒤떨어진 학생이나 모두에게 적용되었다(Marsh, Kuyper, Seaton, Parker, Morin, Möller, & Abdluljabbar, 2014). 20개의 체육 교실에서 405명의 참여자를 대상으로 진행된 연구에서 체육에 대한 학생들의 자아개념은 체육 과목의 성취와 정적 관계를 나타냈다. 즉, 자아개념이 높을수록 체육 과목의 성취가 높았다. 그러나 학급의 체육 과목 평균과 학생들의 체육 과목에 대한 학업적 자아개념은 부적 관계를 나타냈다(Chanal, Marsh, Sarrazin, & Bois, 2005). 즉, 학급의 평균이 높을수록 학생들의 학업적 자아개념은 낮았다.

'큰 물고기 작은 연못 효과'가 중요하게 다루어지는 것은 미국을 비롯한 호주, 유럽, 영국 등 많은 국가에서 학업적 능력에 따라서 학생들을 선발하는 학교를 만드는 것의 가치와 효용에 대해서 많은 논의와 논쟁이 있기 때문이다. 우수한 학생들을 선발하여 학급을 구성하는 학교들과 성적에 관계없이 학급을 구성하는 평준화 학교들의 학생들을 동등한 조건에서 비교해 보면 학생들은 평준화 학교에서 더욱 높은 학업적 자아개념을 나타낸다. 학업적 자아개념은 학생들의 내재적 동기, 성취, 학습에서의 몰입 등에서 결정적인 역할을 하기 때문에 성적이 높은 학교에 입학하는 것이 학생들의 학업적 자아개념을 낮춘다는 것은 교육 현장에서 지속적으로 관심을 가져야 할 내용이다.

제7장

# 목표설정이론

1. 목표설정의 주요 요인
2. 효과적인 목표설정 전략
3. 목표설정의 뇌과학

**"별을 향하여 손을 뻗어라. 최소한 진흙탕에 뒹굴지는 않을지니!"**

**"최선을 다하자는 구호는 최선의 목표설정이 아니다. 목표는 더욱 명확하고 구체적이어야 한다."**

목표설정은 중요한 동기 과정이다. 같은 사람들도 목표가 있을 때 동기유발이 잘되어 성과가 더욱 높다. 사람들은 목표가 있으면 목표달성을 위해서 노력하게 된다. 사람들은 노력의 과정에서 자신이 과제 수행을 효과적으로 잘하고 있다는 피드백을 받으면 자기효능감이 유발된다. 또한 목표수행 중 성과에 대한 피드백을 받는 것도 자기효능감을 발생시킨다. 자기효능감이 높아지면 동기가 향상되고 사람들은 보다 적극적으로 해당 활동에 관여한다. 활동에 적극적이게 되면 성과가 향상된다. 성취가 향상되었다는 피드백은 다시 사람들의 자기효능감과 동기를 향상시킨다. 이와 같이 목표설정은 사람들의 동기를 유발하는 중요한 요인이다(Locke, 1996; Locke & Latham, 2002). 이 장에서는 목표설정의 주요 요인, 수행을 촉진시키는 효과적인 목표설정, 목표추구의 과정, 자기효능감을 높여 주는 목표설정의 방법 등을 살펴본다.

## 1. 목표설정의 주요 요인

목표설정은 ① 목표선택과 ② 목표헌신도(goal commitment)가 주요 요인이다(Locke & Latham, 1990). 목표선택은 사람들이 도달하려고 노력하는 실제 목표와 투입할 노력 정도를 선택하는 것을 가리킨다. 목표헌신도는 개인이 자신의 목표에 얼마나 강한 애착을 가지는지, 얼마나 열정적인지, 목표의 달성을 위해서 얼마나 단호한지를 나타낸다. 목표선택은 매우 중요한 과정이지만, 목표선택만으로는 행동을 유발하는 데 충분하지 않아서 목표헌신도가 필요하다. 목표헌신도는 행동과 실행을 통해서 평가된다. 목표선택과 목표헌신도에 영향을 주는 주요 요인들, 즉 목표설정에 영향을 주는 주요 요인들은 다음과 같이 개인의 심리적 요인과 사회-환경적 요인으로 나누어 생각할 수 있다.

### 1) 목표설정에 영향을 주는 개인의 심리적 요인들

#### (1) 이전 수행

목표설정은 각자의 개별적인 이전 수행의 수준을 기반으로 적절하게 도전적인 목표를 설정하는 것이 바람직하다. 사람들은 이전 수행에서 도전적이었지만 성공한 목표는 이번에도 성공하기 위해서 더욱 열심히 한다. 하지만 자신의 이전 수행보다 과다하게 높은 목표를 세우는 경우에는 회피전략을 쓰면서 아예 시도조차 하지 않을 수 있다. 이때는 내재적 동기나 자아효능감이 발생하지 않기 때문이다. 일반적으로 과제 수행 초반에는 비교적 쉬운 과제를 수행하고, 후반으로 갈수록 난이도를 높이는 것이 효과적이다.

#### (2) 긍정적 정서

긍정적 정서가 높을수록 높은 목표를 설정한다. 긍정적 정서는 우리의 동기를 향상시켜 주기 때문에 높은 목표를 설정하게 된다. 그리고 긍정적 정서는 사람들이 균형 잡힌 원만한 판단을 할 수 있게 해 주기 때문에 적절한 난이도의 도전적인 목표를 설정하도록 촉진한다.

#### (3) 유인가

유인가(valence)는 목표의 중요성에 대한 개인적인 가치이다. 유인가는 흥미, 유용성, 경제적 가치 등에 기반한다. 유인가가 높을수록 높은 목표를 설정한다.

#### (4) 자기효능감

높은 자기효능감을 가질수록 해당 과업을 해낼 자신감이 있으므로 더욱 높은 목표를 설정한다. 자기효능감이 높을수록 목표헌신도도 높다.

### 2) 목표설정에 영향을 주는 사회-환경적 요인

#### (1) 집단 규준

자신이 속한 집단의 목표가 높을수록 개인도 따라서 스스로 더욱 높은 목표를 설정한다. 이것이 사람들이 높은 기준의 조직에 속하려고 노력하는 중요한 이유이다. 예를 들어, 회계사가 되고 싶은 학부생이 있다고 가정하자. 자신이 속한 대학에서 한 해에 수십 명의 회계사를 해마다 배출하면 학부생 개인도 해낼 수 있다는 자신감이 올라가면서 목표에 대한 자신감이 높아진다. 그러나 자신이 속한 대학에서 한 해에 한 명의 회계사 합격자가 나올지 말지라면 덩달아 개인적 목표나 기대감도 낮아진다.

### (2) 또래집단

또래집단이 자신들이 속한 집단의 목표를 중요하게 여기고, 해당 목표를 열심히 수행하면 개인도 해당 목표에 더욱 헌신하게 된다. 역으로 또래집단이 집단의 목표를 부정적으로 받아들이고 무시하면 개인 차원에서도 해당 목표를 중요하지 않게 생각한다. 예를 들어, '영어 실력을 급속도로 향상시키기 위하여 영어 수업 시간에 모두 영어로만 말하기'라는 집단의 목표가 있다고 가정하자. 또래집단이 이 목표를 중요하게 생각하고, 영어 실력 향상을 위한 기회의 장으로 삼고자 하면서 이는 개인의 영어 공부 목표에도 긍정적 영향을 준다. 그러나 또래집단이 "한국 사람이 왜 한국 학교에서 수업 시간에 영어로만 말하라고 하는가?"라고 집단의 목표에 대해서 어긋난 반응을 보이면 이는 개별 학생들의 목표에도 부정적인 영향을 준다.

### (3) 타인의 긍정적인 역할 모델링

주변의 주요한 타인들이 뛰어난 성취를 해 나가는 것을 보는 것은 사람들의 개인적 목표설정에 영향을 준다. 이를테면 자신의 짝이 일주일에 책을 한 권씩 읽는다는 것을 알게 되면 학생들은 자신도 그 비슷한 수준으로 독서를 해 보려고 시도한다.

### (4) 목표배정자

사람들은 자신에게 목표를 배정하는 목표배정자에 의해서도 목표설정에 영향을 크게 받는다. 뛰어난 목표배정자의 특성은 다음과 같다. 첫째, 참여자에게 강력하고 명확한 비전을 제시할 수 있다. 가끔 참여자에게 비전을 물어보는 교사나 보스들이 있다. 무엇이든 민주적인 절차로 의견 수렴을 하는 것만이 답은 아니다. 엔지니어가 되기를 원하는 학생들에게 미분, 적분을 배울 것인지 여부를 민주주의 다수결의 원칙에 따라서 정할 것인가? 엔지니어가 되기를 원하는 학생들이 수학 수업 3학점을 레크리에이션 3학점으로 대체 가능하게 해 달라고 요구한다고 가정하자. 이러한 요구를 다수결로 결정하는 것이 민주적인 교육의 과정인가? 그렇지 않다. 초등학교 3학년 학생은 왜 구구단을 외워야 하는지 잘 모른다. 구구단을 외울지 말지를 일일이 학생들에게 물어보고, 과반수가 넘는 학생들이 구구단 외우기를 수용해야 수업을 진행할 수 있다면 교육이 제대로 이루어지기 어렵다. 그리고 그 손실은 고스란히 학생들에게 돌아간다. 참다운 교수자는 학생들에게 왜 이것을 공부해야 하는지에 대한 비전을 학생들의 수준에 맞추어 잘 설명하고 설득할 수 있어야 한다. 리더는 비전을 제시할 수 있어야 한다. 비전은 다수결로 정하는 것이 아니다. 물론 리더가 비전을 제시하는 과정에서 구성원들의 요구를 분석하고 수렴하는 과정이 포함된다. 그러나 궁극적으로 비전 제시는 리더의 몫이다. 구성원들이 미처 보지 못하는 범위까지 바라보며 청사진을 제시할 수 있어야 참다운 리더이다. 둘째, 목표배정자는 목표에 대해서 잘 숙지하고 있어야 한다. 리더 자신이 목표에 대해서 명확하게 알고 있지 못하면 구체적이고 분명한 목표설정을 할 수 없다. 목표설정이 제대로 이루어지지 않으면 이후의 진행도 마찬가지이다. 셋째, 목표배정자는 구성원들의 존경과 호감을 받는 사람이어야 한다. 리더 자신의 매력이 목표설정의 효과에 직접적으로 영향을 준다. 목표설정 자체는 설득력이 있지만, 이를 제시하는 리더가 구성원들에게 호감과 존경을 받지 못하면 목표의 설득력도 낮아진다.

## 2. 효과적인 목표설정 전략

효과적인 목표설정을 위해서는 목표설정의 특성을 잘 이해하고, 이를 활용한 전략을 짜는 것이 중요하다. 목표가 지나치게 높은 것도, 낮은 것도 문제가 된다. 적절한 난이도의 목표라는 것이 무엇인지도 애매하다. 지금까지의 목표설정 관련 연구들을 기반으로 목표설정 전략을 제시하면 다음과 같다.

### 1) 목표의 근접성

사람들은 현재 자신의 수준보다 약간 높은 수준의 목표, 즉 사람들에게 도전적이지만 수행이 가능한 목표를 세울 때 가장 잘 동기가 유발된다. 가까운 목표는 수행의 정도를 스스로 평가하기에 적합하다. 일반적으로 장기적인 목표는 즉시 평가, 즉시 피드백이 어려워서 대체로 동기유발 향상에 별다른 도움이 되지 않는다.

## 2) 목표의 구체성

목표는 구체적이고 이해하기 쉬워야 효과적이다. 구체적인 목표는 참여자가 어디에 집중하고, 무엇을 해야 할지를 명확하게 알려주어서 제대로 자신의 과제에 집중할 수 있도록 해 준다(Kahneman, 1973; Klein, Whitener, & Ilgen, 1990; Locke, Chah, Harrison, & Lustgarten, 1989). 목표가 명확한 트럭 운전사는 목표가 없는 트럭 운전사들에 비해서 하루에 왕복 운행하는 횟수가 유의미하게 더 많았다(Latham & Baldes, 1975). "열심히 공부하자"는 애매한 목표보다는 "앞으로 3분 안에 과제를 완성하자"는 명확한 목표를 설정한 그룹의 성취가 더욱 높았다(Locke. Shaw, Saari, & Latham, 1981). 목표가 애매하면 자기 평가, 외적 평가, 피드백 모두가 명확하지 않고, 이에 따라 동기유발도 잘 이루어지지 않는다. 목표는 잘게 나누어 구체적인 동사형으로 명확하게 제시하는 것이 바람직하다. 즉, 행동주의 전략에 기반하여 큰 목표를 잘게 나누어서 제시하면 동기를 향상시켜 주고, 과업의 수행을 촉진한다(Amabile, 1998; Locke & Latham, 1990; Turner, Barling, & Zacharatos, 2002).

**애매한 목표 예시**: "최선을 다해서 공부하는 훌륭한 사람 되기"(X)
**구체적인 동사형의 목표 예시**: "학교 수업 이외에 하루에 적어도 3시간 이상 독서하기" (O)

**애매한 목표 예시**: "열심히 운동하여 건강하게 살기" (X)
**구체적인 동사형의 목표 예시**: "매일 아침 적어도 30분 유산소 운동을 하고, 일주일에 한 번씩 몸무게, 혈압, 심장박동 수 체크하기 + 1년에 한 번씩 정기검진 실시하기" (O)

### 3) 목표난이도

목표의 난이도는 참여자의 현재 수준보다 약간 높은 적절한 수준의 난이도가 효과적이다. '적절한 수준'은 개별적이다. 개인에 따라서 모두 다르다. '적절한 수준'을 정할 때 기억할 중요한 원칙은 '도전적인 목표는 참여자의 활력과 동기를 향상시켜 준다'는 것이다. 목표가 어려워질수록 사람들은 해당 과제에 가치를 더 두고 노력을 더욱 투여한다. 쉬운 목표에는 작은 양의 노력을 투입하고, 어려운 목표에는 적은 수준의 노력을 투입한다. 일반적으로 일정 수준까지 목표의 난이도가 증가할 때 도전감이 증가하면서 수행도 향상된다(Earley, Wojnaroski, & Prest, 1987; Locke & Latham, 1990, 1992; Mento, Steel, & Karren, 1987). 물론 목표가 너무나 어려워지면 참여자가 좌절하여 노력을 포기한다. 적절한 수준의 도전적 목표를 설정하되, 자신의 역량을 너무 과소평가하지도 과대평가하지도 않는 것이 중요하다.

### 4) 즉시 피드백

피드백이 사람들의 자기효능감을 높여 줄 수 있는 구체적인 정보를 담고 있으면 수행을 촉진하고, 다음번에 더욱 높은 목표를 설정하도록 촉진한다. 피드백은 즉시 피드백이 효과적이다. 앞에서 살펴보았듯이, 지능이나 능력을 칭찬하는 피드백보다는 노력을 강조하는 피드백이 효과적이다. 앞으로 더욱 발전할 수 있는 방향을 제시해 주는 구체적인 정보를 담아서 긍정적인 피드백을 주면 사람들은 향후에 더욱 높은 목표를 설정한다.

### 5) 정확한 정보를 담은 피드백

긍정심리학의 영향으로 되도록 타인의 장점을 발견하고 이를 피드백하는 것이 강조되고 있다. 긍정적인 피드백은 바람직하지만, 그렇다고 해서 정확한 정보를 무시해서는 안 된다. 이를테면 수학 과목의 성취도가 낮고, 기본 개념을 이해하지 못하는 학생에게 수학 교사가 "너는 수학을 잘한다" 혹은 "너는 수학을 잘할 것이다"라고 근거 없는 피드백, 교사 스스로도 확신이 없는 긍정적 피드백을 주는 것은 전혀 바람직하지 않다. 그보다는 "현재 배우고 있는 내용을 70% 정도 이해하고 있는 것으로 측정된다. 기초 개념의 이해를 보다 치밀하게 다질 필요가 있다" "영어 듣기는 잘 이루어지고 있으나, 읽고 내용을 파악하는 것은 13세를 기준으로 하는 표준 테스트에서 성취도가 상위 70% 로 파악된다"라고 정확하게 현재 상태에 대한 정보를 담은 피드백을 주는 것이 바람직하다. 근거 없는 긍정적인 피드백은 사람들에게 도움이 안 된다. 심지어는 사람들을 망칠 수 있다.

### 6) 단기목표와 장기목표

연구들에 따르면, 단기목표는 흥미도가 낮은 과제에서 특히 효과적이다. 왜냐하면 단기목표는 즉시 피드백을 가능하게 해 주기 때문이다. 단기목표들은 단기간에 정적 강화를 받을 수 있는 이점이 있어서 과제를 끈기 있게 지속할 수 있도록 촉진한다. 장기목표는 일련의 단기목표가 연결되는 것으로 이해할 수 있다. 도전적인 장기목표를 세울 때는 작은 단기목표들로 잘게 나누어 제시하는 것이 효과적이다. 과제의 흥미도가 높은 경우에는 단기목표가 도리어 통제적인 것으로 지각되어 불필요할 수 있다. 대체적으로 장기목표는 집중력 향상 등에 도움이 되지 않지만, 예외적으로 해당 과제에 대한 흥미도가 매우 높은 사람들은 즉시 피드백의 효과보다는 '스스로의 자율성'을 확보해 주는 간섭 없는 장기목표가 더욱 효과적이다 (Vallerand, Deci, & Ryan, 1987).

### 7) 미래지향적인 긍정적 피드백

정확한 정보를 담은 피드백을 주는 것은 중요하다. 그렇지만 동시에 미래지향적인 긍정적 피드백을 담도록 유의할 필요가 있다. '정확한 피드백'이라는 명분하에 지나치게 현실적이고 비판적인 피드백을 주면 이러한 부정적 피드백은 동기유발을 급속히 저해할 수 있다. 부정적 피드백을 통하여 자신에 대한 자신감이 침해되면 장기적으로 그 부정적 효과가 지속된다. 도리어 플라시보 효과의 메카니즘을 피드백에 활용할 필요가 있다. 플라시보 효과는 "이 약은 새로이 개발된 강력한 진통제이니 효과가 있을 것이다"라고 생각하면 식염수나 밀가루를 먹어도 진통제 효과가 나타나는 것이다. "앞으로 잘 해낼 수 있다"는 긍정적 피드백은 사람들이 자신에 대해서 '긍정적인 태도'를 가질 수 있도록 해 줄 수 있다. 게다가 사람들은 스스로에 대해서 긍정적으로 생각하고 싶은 긍정편향성(positivity bias)을 지니고 있다. 긍정적 피드백을 통하여 스스로에 대해서 더욱 긍정적인 태도를 가질 수 있도록 촉진하여 주는 것은 매우 바람직하다. 다만 이때 주의할 점은 '정확한 정보를 담은 피드백' 부분에서 살펴보았듯이 근거 없는 칭찬이 아니라, 정확한 정보에 터하면서도 동시에 긍정적으로 피드백을 주는 것이 중요하다.

예를 들어, 다음은 바람직하지 않은 부정적 피드백의 예시이다.

**부정적 피드백 예시**: "현재 수학 성취도가 상위 70%이다. 하지만 해당 테스트 결과는 전 세계 청소년을 대상으로 한 것이므로 우리나라 학생들만 대상으로 테스트를 했다면 상위 50%도 어려운 성적이다. 이 성적으로는 본인이 원하는 공과대학에 진학할 확률이 매우 낮다. 수학 성적을 많이 올리든지, 원하는 대학을 대폭 낮추고 수학 역량을 많이 요구하는 공과대학 진학도 다시 생각해야 할 것이다."

**긍정적 피드백 예시**: "현재 수학 성취도가 상위 70%이다. 하지만 해당 테스트 결과는 전 세계 청소년을 대상으로 한 것이므로 우리나라 학생들만 대상으로 테스트를 했다면 성취도가 좀 더 내려갈 것이다. 원하는 공과대학에 진학하려면 앞으로 수학 공부에 더욱 집중할 필요가 있다. 성적을 자세히 분석해 보면 개념 이해는 잘하고 있는 편이지만 수학 문제풀이 연습

이 부족한 것으로 보인다. 수학은 운동과 비슷하다. 많이 연습하고, 많이 풀어 보면 잘하게 된다. 하루에 적어도 한 시간씩 수학 문제풀이를 집중적으로 하기를 권한다. 이렇게 수학 문제풀이를 하고 한 달 후, 다시 상담을 해 보자. 입시까지 3년이 남았으니 꾸준히 열심히 수학 공부를 하면 본인이 원하는 공과대학에 갈 수 있다. 내가 가르친 학생들 중에 지금 너보다 더 낮은 성적이었지만 2년간 열심히 수학 공부를 해서 원하는 대학에 입학한 선배가 여럿 있다."

목표설정은 사람들의 동기유발에 매우 중요하다. 그러나 적절한 목표설정은 쉽지 않다. 때때로 지나치게 원대한 목표가 도리어 짐이 되어서 개인의 자율성과 열정을 방해하기도 한다. 지나치게 도전적인 목표가 참여자의 스트레스를 유발하여 도리어 수행을 방해하기도 한다(Csikszentmihalyi, 1990). 또는 목표가 애매하여 도움이 되지 않을 수도 있다. 하지만 이 장에서 살펴본 목표설정의 전략들을 잘 활용한 도전적이면서 명확하고 구체적인 목표설정, 미래지향적인 긍정적 피드백을 담은 목표설정은 사람들의 동기와 수행을 크게 향상시킬 수 있을 것이다.

## 3. 목표설정의 뇌과학

우리는 목표를 세우면 행복감을 느낀다. 특정 목표를 설정하고, 이를 추구하기로 결심하고, 해당 목표를 꾸준히 실천하여 성취를 이루어 낼 때 우리는 고차원의 행복감을 느낀다. 목표를 세우면 도파민이 증가한다(Korb et al., 2015). 목표를 설정하면 행복해지고, 또한 행복한 사람들, 긍정적 정서가 높은 사람들이 목표 설정과 달성도 잘 해 낸다. 연구에 따르면 목표 설정과 계획에 대한 내용을 가르치는 프로그램을 1시간 동안 경험한 다음, 사람들의 행복도가 유의미하게 증가하였다(MacLeod, Coates, & Hetherton, 2008). 뇌과학 연구들에 따르면 목표설정, 목표지향적 행동을 뇌 영역은 전전두피질이다. 목표를 달성하는 데 가장 중요한 단계는 결정을 내리는 단계이다. 전전두피질은 어떠한 목표를 어떠한 방식으로 달성할 것인지를 주로 담당한다. 어떠한 목표를 달성할 것인지 결정을 내리면 전전두피질은 자원들을 효율적으로 운용해서 목표를 이루는 방향으로 사람들의 행동을 조직한다(Korb et al., 2015).

전전두피질은 목표설정과 관련하여 긍정적인 방식으로 뇌를 작동시켜서 걱정과 불안을 감소시킨다. 전전두피질은 사람들을 부정적인 충동으로 이끄는 선조체의 작동을 억제시킨다. 특히 전전두피질은 목표설정을 담당하면서 동시에 변연계를 진정시켜서 세상에 대한 사람들의 인식을 과감하게 바꾸어 준다. 목표를 설정하면 전전두피질은 우리가 보고 듣고 냄새 맡는 방식들까지 모두에 영향을 준다(Dickson & Moberly, 2013). 반면에 부정적 정서의 사람들은 목표설정을 제대로 하지 못하고, 목표설정을 제대로 하지 못하기 때문에 더욱 부정적 정서가 강해진다. 부정적 정서의 사람들은 너무나 많은 것을 걱정하며, 혹시라도 잘못된 결정을 내릴까 봐 우유부단하게 결정을 잘 내리지 못한다. 그런데 결정을 내리지 못하는 이러한 상황이 다시 역으로 부정적인 사람들을 더욱 우울하게 만든다. 그리고 다시 우울하기 때문에 걱정이 많아서 결정을 잘 내리지 못한다.

이와 같은 악순환 속에서 부정적 정서의 사람들은 결정을 잘 내리지 못하고, 목표설정이 주는 행복감을 누리지 못하면서 행복도가 점점 더 낮아진다. 뇌과학 연구에 따르면 우울증에 빠진 사람들은 목표설정, 목표수행 등이 전두엽과 변연계 간의 의사소통에 문제가 생겨서 목표설정 자체가 어렵다. 우울증에 빠진 사람들은 즉각적으로 즐거움을 주는 일들만 하려고 하지 장기적인 목표, 자기조절력의 발휘 등에는 관심이 없다(Korb et al., 2015; Luce, Bettman, & Payne, 1997).

긍정적 정서의 사람들은 스스로 목표를 세우고, 원하는 것을 얻기 위해서 결정을 내린다. 반면에 부정적 정서의 사람들은 발생할 수도 있는 부정적 결과들에 초점을 맞추어서 결정을 내리기가 어렵다. 또한 부정적인 사람들은 결정을 내릴 때에도 원하지 않는 것을 피하는 방향으로 결정들을 내린다. 즉, "낙제하고 싶지 않아" "해고당하지 싫지 않아" 하는 식으로 원하지 않는 것을 피하는 결정들을 한다. 그러나 이러한 부정적 목표설정은 사람들이 앞으로 나아갈 힘을 주지 못한다. 반두라의 연구에서도 목표수행에 대한 피드백을 줄 때 한 집단에게는 "목표의 70%를 달성하였음"을 강조하는 반면, 다른 집단에게는 "목표 기대치에 25%가 부족함"을 강조하였다. 똑같은 성과임에도 불구하고 성취를 강조한 피드백을 주었을 때 실험 참여자의 자신감과 분석적 사고 능력이 모두 유의미하게 향상되었다(Bandura, 1993).

원하지 않는 것을 피하는 것이 아니라 보다 적극적으로 '원하는 것을 얻기 위한 긍정적 결정'들로 방향을 잡는 것이 중요하다. 예를 들어, "열심히 공부해서 내 꿈을 이루어야지" "매일 아침 루틴을 잘 잡아서 하루하루 의미 있는 삶을 살 거야" 하는 긍정적 목표설정이 바람직하다. "일을 망치고 싶지 않아" 같은 부정적 결정이 아니라 "일을 잘 해내고 싶어"라고 긍정적으로 방향을 잡는 것이 매우 중요하다.

목표설정 및 동기 관련 선행연구들에 기반하여 목표설정과 실제적 수행을 위한 효과적 전략을 살펴보면 다음과 같다.

첫째, 자신에게 진정으로 중요한 것이 무엇인지 적어 보기

- 자신의 가치관, 자신이 원하는 자아실현과 커리어, 자신이 원하는 가족상, 자신이 원하는 인간관계, 자신이 꿈꾸는 사랑 등에 대해서 생각나는 대로 솔직하게 적어 보기
- 앞에서 적은 내용들 중, 10년 후 자신이 꼭 이루고 싶은 꿈 10가지를 구체적으로 적어 보기
- 앞의 10가지 꿈 중, 자신에게 1년이 주어진다고 할 때 꼭 이루고 싶은 일 3가지를 적어 보기

둘째, 자신이 꼭 이루고 싶은 일 3가지를 성취하기 위해서 본인이 해야 할 일의 목록을 구체적으로 적어 보기

셋째, 이와 같이 목표를 설정하고, 구체적인 실천 계획을 결정하면 자신의 인지 방식이 전적으로 바뀌어서 목표로 향하고 있음을 기억하기

넷째, 처음부터 거창한 목표를 세우지 않기

- 처음부터 완벽하게 계획을 세우려고 하면 자신이 계획에 끌려가는 느낌을 받고, 통제 받는다고 느끼게 되어 목표의 수행에 도리어 방해가 될 수 있음(Venkatraman et al., 2009)

- 자유도를 허용하며 약간 느슨하게 목표를 설정하면 복외측 전전두 영역이 더욱 활성화되어서 자신이 상황을 주도적으로 이끌고 나가고 있다는 느낌을 받으며, 이는 수행을 훨씬 촉진함 (Korb et al., 2015)

다섯째, 적절하게 도전적이고, 의미 있으며, 가까운 시일 내에 성취할 수 있는 구체적인 목표 세우기

- 적절하게 도전적인, 즉 자신의 평균치 역량보다 약간 높은 수준의 목표가 우리의 동기를 자극하여 목표를 향해서 나아가게 해 줌
- 구체적인 목표는 분명한 평가의 기준을 제공하여 주므로 효과적임
- 사회적 의미가 있는 목표는 사람들의 인정 욕구를 충분히 만족시켜서 동기가 더욱 향상됨
- 현실적으로 실현 가능성이 낮은 목표는 동기를 유발하지 못함. 현실적으로 실현 가능한 목표를 세울 것

여섯째, 목표수행을 위해서 일단 시작하기

- 일단 생산적인 일을 하기 시작하면 선조체와 전전두피질에서 도파민이 분비되고, 에너지가 증가함
- 행동으로 옮기지 않는 목표설정은 공허함
- 결심하기와 실제로 행동에 옮기는 실천은 완전히 구분되는 행

위임

- 일단 시작하는 것은 뇌의 상승 나선을 가동시키는 매우 효과적인 방법. 일단 시작해서 자기조절을 통하여 인내심을 갖고 꾸준히 일하면 계속해서 일하게 되고, 익숙하게 되고, 습관이 됨

제8장

# 몰입이론

1. 몰입이란 무엇인가
2. 몰입과 행복
3. 몰입 향상 전략

# 1. 몰입이란 무엇인가

"외과 수술을 할 때 손의 움직임만 느껴집니다. 다른 생각은 아무것도 떠오르지 않습니다. 제가 수술을 하느라 서서 있다는 느낌도 없습니다. 제 자신조차도 느껴지지 않습니다."

"제가 작곡을 할 때 무아지경의 상태로 어느 순간 내가 아예 존재하지 않는 듯한 절정의 시기에 이릅니다. 마치 내 손이 내게서 떨어져 나가 따로 존재하는 것 같은… 어떠한 일이 벌어지고 있는지 난 알지 못하며, 그저 마치 곡이 저절로 써지는 것과 같은 경이로운 광경을 목격하게 됩니다."

"시를 쓰는 동안 그 속에 완전히 빠져 버려요. 오로지 시에 대해서만 생각하면서 시간 개념이 완전히 사라져 버립니다. 마치 또 다른 내가 시를 쓰고 있는 나 자신을 바라보는 듯한 상태가 돼요."

몰입(flow)이론을 제시한 미하이 칙센트미하이(Mihaly Csikszentmihalyi)가 든 몰입의 대표적인 예시들이다(Csikszentmihalyi, 1975; Hektner & Csikszentmihalyi, 1996). 시카고대학교에서 오랫동안 교수로 재직하다가 클레어몬트대학교의 심리학과와 '삶의 질 연구센터'에서 연구 중이다. 칙센트미하이 교수는 마틴 셀리그먼(Martin Seligman) 교수와 함께 긍정심리학 연구를 이끌어 가고 있다. 칙센트미하이 교수는 출현동기이론(emergent motivation theory)을 제시하였다. 출현동기이론의 핵심은 몰입이다. 몰입은 현재 하고 있는 일에 심취하여 시간이 흐르는 것도 의식하지 못하는 무아지경의 상태를 가리킨다. 자신의 현재 과업 자체가 즐거워서, 과제 수행 자체가 보상이기 때문에 사람들이 반복적으로 해당 과업을 하게 된다. 그리고 그 과업에 완전히 푹 빠져 들어서 '계속 물 흐르는 것처럼 흘러 가는 듯한 상태', 이것이 몰입, 플로우이다. 이를테면 화가들은 그림 그리기에 빠지면 몇 날 며칠을 식사도 하지 않고 잠도 자지 않고 물만 마시며 그림을 그린다. 그들은 그림 그리기에 몰입하여서 시간이 얼마나 흐르는지 의식하지 못한다. 이때 화가들은 전형적인 몰입의 상태, 즉 물 흐르는 것처럼 편안한 느낌, 하늘을 날아가는 듯 자유로운 느낌을 갖는다.

운동선수들은 마라톤, 수영, 사이클, 야구, 축구, 스키 등 장시간 지속되는 운동을 하면서 러너스 하이(runner's high)라고 불리는 몰입에 빠진다(Csikszentmihalyi, 1975, 1985, 1999; Larson & Csikszentmihalyi, 1978; Csikszentmihalyi & Rathunde, 1998; Schunk, Pintrich, & Meece, 2008). 러너스 하이를 경험한 운동선수들은 역시 '하늘을 나는 느낌' '꽃밭을 걷는 느낌'을 받는다고 밝힌다. 특히 마라톤 선수들은 극한의 고통을 넘어서 35km 지점에서 러너스 하이를 경험하는 경우가 많다. 러너스 하이는 운동 강도가 높아지면서 엔도르핀이 분비되면서 나타나는 현상이다. 엔도르핀은 뇌하수체 전엽에서 분비되는 호르몬이다. 엔도르핀은 통증을 억제하는 효과가 있으며, 주로 사람들이 충격을 받거나 기분이 나쁠 때 이를 상쇄하기 위해서 분비된다고 보고되고 있다. 러너스 하이가 되면 엔도르핀

뿐 아니라 체내칸나비노이드 체계(endocannabinoid system)가 작동한다. 이는 뇌, 기관, 면역세포 등 신체 전체에 걸쳐서 발견되는 매우 중요한 생리 체계이다. 체내칸나비노이드 체계는 몸의 고통보다는 스트레스에 더욱 민감하게 반응하는 것으로 알려져 있다. 체내칸나비노이드 체계는 마리화나에 중독된 사람들의 상태와 마찬가지의 화학 상태로 우리의 몸을 유도한다. 그러므로 러너스 하이에 자주 빠지는 사람들 중에는 거의 마약 중독과 비슷한 상태로 운동에 중독되기도 한다(Boecker et al., 2008; Fuss & Gass, 2010; Raichlen et al., 2012). 그런데 러너스 하이의 몰입, 외과 수술 중의 몰입 등 몰입에 빠지려면 우선적으로 기본 기술이 확실하게 연습되어서 자동화가 가능한 상태이어야 한다. 초보 마라토너, 신참 인턴이 수술 중 몰입에 빠지기는 어렵다.

몰입은 우리가 완전히 살아 있음을 느끼게 해 준다. 몰입은 우리가 자신을 스스로 조절하고 자신으로서 살아갈 수 있게 해 준다. 우리는 '외부의 압력에 굴복하여 노예'처럼 살 수도 있고, '스스로 삶의 주인이 되어서 자신의 삶'을 살 수도 있다. 이는 전적으로 우리의 '선택'의 문제이다. 운이나 요행수, 혹은 강한 사람들의 신념에 끌려 다니는 것이 아니라 내가 나 자신을 조절하는 것, 온전히 살아 있음을 느끼는 것, 그것이 몰입이다.

## 2. 몰입과 행복

"왜 이렇게 일요일 오후만 되면 컨디션이 안 좋지? 주말에 좀 쉬었는데 도리어 일요일 오후만 되면 몸살 증상이 있고, 열도 나는 것 같고……."

칙센트미하이는 우리가 순간순간 충분히 '몰입'할 때 비로소 행복할 수 있다고 제시하였다. 칙센트미하이는 "행복은 우연히 찾아오지 않는다"고 강조하였다. 행복은 직접 추구할 때 오는 것이 아니라, 우리가 충분히 몰입할 때 찾아온다(Csikszentmihalyi, 1990). 행복은 돈이나 권력 같은 외부적 요인에 좌우되지 않는다. 행복은 각자가 외부적 요인을 어떻게 '해석'하느냐에 달려 있다. 행복은 우리가 의식적으로 추구해서 얻어지는 것이 아니고, 성취하는 대상이 아니다. 행복은 사람들 각자의 주관적 가치이기 때문이다. 철학자 존 스튜어트(John Stuart Mill)밀이 말했듯이, "너 스스로 지금 행복하냐고 묻는 순간에 행복은 달아난다". 행복은 우리가 키워 나가고, 빼앗기지 않도록 지켜내는 것이다(Csikszentmihalyi, 1990).

몰입은 우리가 하는 주요 과업과 관련이 있으며, 우리 주변의 환경과 조화를 이룬다. 사람들이 몰입을 경험하는 상황은 다양하다. 칙센트미하이는 노래하고, 춤추고, 뛰고, 볼링을 하고, 그림을 그리고, 화초를 가꾸고, 친구와 이야기하고, 좋은 책을 읽거나 바람직한 대화를 나눌 때 몰입이 일어나기 쉽다고 제시하였다. 칙센트미하이에 따르면, 몰입은 호흡과도 같아서 몰입할 때는 몰입을 하고 있는 것조차도 의식하지 못한다. 몰입은 마치 스키를 타듯이 현재의 행동이 나 자신과 조화를 이루는 상태이다. 심지어 이 일이 나의 일부라는 느낌을 받는다. 일에 대한 의무감으로 일하는 것이 아니다. 외부로부터의 보상을 염두에 두고 일하는 것이 아니다. 일이 곧 나고, 내가 곧 일이 되어서 나와 일이 하나가 된 상태이다.

누구나 이런 경험을 해 보았을 것이다. 칙센트미하이에 따르면, 사람들은 주말이나 일을 하고 있지 않을 때 두통이 나고 몸이 더 찌뿌둥하다. 사람들이 몰입에 빠지면 사소한 아픔은 아예 느끼지도 못하고 지나간다. 체스의 고수들은 경기 도중에 배가 고프거나 두통이 와도 그것을 아예 느끼지 못한다. 하지만 빈둥거리기는 수동적인 여가 활동에서는 몰입을 경험하기가 어렵다. 그래서 몰입을 경험하지 못하고 빈둥거리며 주말을 보내고 나면 도리어 일요일 오후에는 사소한 통증들이 나타나는 것이다. 연구에 따르면, 청소년들이 가장 괴로워하는 것은 '일 같지도 않고 놀이 같지도 않은 것'을 수행할 때이다. 자신에게 중요한 의미도 없고, 즐겁지도 않은 일을 지속적으로 하면서 성장하면 성인이 되어서도 자신의 삶에서 의미를 발견하기가 어렵다. 지금 이 순간 여기(Here & Now)에 집중하는 자세로 자신의 일에 몰입하는 사람은 행복하다(김은주, 2020; Larson & Csikszentmihalyi, 1978; Csikszentmihalyi, 1975, 1985, 1999; Csikszentmihalyi & Rathunde, 1998; Schunk, Pintrich, & Meece, 2008).

동기가 유발된 사람들은 몰입의 특성을 나타낸다. 몰입에 빠진 사람들은 실패에 대한 걱정에서 자유롭다. 그들은 '일이 잘 안되면 어떻게 하나' '이번 프로젝트에서 상을 못 받으면 어떻게 하나?' 따위의 걱정이 없다. 그들은 다만 집중하고, 전적으로 몰두하며, 일하는 과정 자체를 즐길 뿐이다. 몰입에 빠지면 사람들은 결과를 위해서 일하지 않는다. 그러므로 실패를 걱정하지 않는다. 과정 자체가 이미 성공이므로 실패를 걱정할 거리가 아예 없는 상태이다. 몰입을 할 때 사람들은 자기 삶의 키를 자신이 쥐고, 스스로 알아서 자신의 삶을 통제하고 있다는 느낌을 강하게 받는다. 그래서 몰입에 빠질 때 우리는 불안이 없다.

## 3. 몰입 향상 전략

몰입은 ① 개인의 역량과 ② 활동의 도전감이 균형을 이룰 때 비로소 가능하다. 행동에 몰입하려면 자신의 역량과 환경의 요구가 적절한 균형점을 찾아야 한다. 자신의 역량에 비해서 지나치게 쉬운 과제는 지루하다. 반면에 자신의 역량에 비해서 난이도가 너무 높아서 도전의 정도가 심하면 좌절한다. 이를테면 초등학생 테니스 선수 지망생과 국가대표 테니스 선수가 시합을 하면 초등학생은 너무 어려운 경기를 하다 보니 스스로의 역량에 대해서 실망하고 좌절한다. 국가대표 선수는 경기가 시시하고 지루하다. 최적의 동기(optimal motivation)는 과제의 난이도와 개인의 역량이 적절하게 잘 맞는 지점이다(Csikszentmihalyi, 1999; Schunk, Pintrich, & Meece, 2008). 보통 사람들은 자신의 수준보다 약간 더 높은 수준의 도전감 있는 과제를 수행할 때 최적의 동기가 발생하고, 몰입이 일어나기 쉽다. 몰입은 자연발생적으로 자연스럽게 일어나지만, 다른 한편으로 노력을 통하여 몰입이 더욱 잘 발생하도록 촉진할 수 있다. 몰입에 대한 선행연구들과 칙센트미하이의 즐거움의 구성 요소에 대한 이론 등을 기반으로 다음과 같은 몰입 향상 전략을 제시할 수 있다.

첫째, 긍정적 정서가 유발될 수 있는 환경을 제공한다. 긍정적 정서는 몰입을 위한 기초이다. 걱정이나 두려움, 불안 등의 부정적 정서로부터 자유로운 환경을 제공하는 것이 중요하다. 우리는 행복하고 안전한 환경을 지각할 때 비로소 과제에 집중할 수 있다.

둘째, 명확한 목표설정과 즉각적 피드백이다. 목표가 분명해야 몰입이 발생할 조건이 성립한다. 명확한 목표설정을 위해서 동사형의 분명한 목표 기술이 바람직하다. 무엇을 '도전'으로 삼을지 잘 인식하고 선정하는 것이 몰입을 위한 목표설정의 핵심이다. 이때 늘 명심할 것은 '자신'이 목표를 선택하는 주체라는 점이다.

명확한 목표와 더불어 즉각적 피드백이 몰입을 촉진한다(Csikszentmihalyi, 1990). 사람들이 테니스에 몰입이 잘되는 이유 중 하나는 테니스공을 한 번 칠 때마다 자신이 공 넘기기에 성공했는지 실패했는지의 피드백이 명확하다는 점이다. 피드백은 우리가 목적을 이루었는지 여부에 대한 상징적 메시지를 전달해 준다. 피드백은 인간 정서의 표현 중 하나이고, 사람들에게 자기 확인을 주는 중요한 정보이다. 피드백을 통하여 우리는 자신의 가치를 확인하고, 사라들이 나를 좋아하는지, 존경하는지 혹은 혐오하는지를 알 수 있다. 우리가 목표를 제대로 이루었다는 피드백은 우리의 자아를 강화시켜 준다. 목표가 설정되고, 이를 달성하기 위한 활동을 한 다음, 이에 대한 피드백을 제대로 인식하고 평가해야 우리는 비로소 해당 활동을 제대로 즐길 수 있고, 몰입도 더욱 잘 일어난다. 이때 즉각적인 피드백이 시간이 오래 걸리는 피드백보다 더욱 효과적이다. 예를 들어,

외과 의사처럼 하나의 수술이 끝나면 곧바로 피드백을 받을 수 있는 편이, 10년 동안 글을 써서 책을 출판해야 독자들로부터 피드백을 받는 작가보다 몰입에 더욱 유리하다.

셋째, 자신의 현재 기술과 목표 간의 균형 맞추기이다. 어떤 사람들은 아직 직장도 구하기 전이면서 스무 살 이전에 백만장자가 된다는 비현실적 기대를 목표로 설정한다. 학부 3학년이고, 프랑스어를 하나도 모르고 프랑스어 공부도 안 하면서 학부를 졸업하면 프랑스 회사에 꼭 취업하겠다는 목표를 세우는 학생도 있다. 이와 같이 비현실적인 목표는 이루어지지 않고, 사람들은 낙담한다. 이와 같은 헛된 시도를 거듭하는 동안에 심리에너지가 손상되어 자아가 위축된다. 자신의 현재 수준보다 지나치게 높은 목표는 스스로에게 독이 된다. 반대로 자신의 잠재력을 확장시키려는 의욕 없이 현재 자신의 수준보다 매우 낮은 수준으로 목표를 설정하는 사람들이 있다. 이를테면 수학 공부 계획을 세울 때 이미 1년 전에 배워서 알고 있는 범위를 목표로 설정한다. 중학교 3학년 학생이 초등학교 저학년 학생 대상의 동화책을 읽는 것으로 독서 활동을 대신한다. 회사에 입사해서 최고 경영자를 목표로 삼아도 될 만한 사람이 애초부터 '가늘고 길게 의무방어전으로만 일하기'를 목표로 삼는다. 이들은 스스로 자신의 성장을 멈춘다(Csikszentmihalyi, 1990). 이러한 상황에서는 몰입이 일어나지 않는다. 현재 자신의 수준과 목표 간의 균형, 자신의 활동 능력과 환경의 요구 간의 적절한 균형점을 찾는 것이 몰입을 위해서 필수적이다.

넷째, 집중력 향상하기이다. 집중력은 몰입을 촉진한다. 자기통제가 잘 이루어져야 주변의 장에 상관없이 집중을 잘한다. 하지만 자신을 통제할 수 있는 힘을 갖는다는 것은 매우 어려운 일이다. 더군다나 요즘처럼 수많은 매체에서 엄청나게 많은 정보와 매력적인 볼거리와 들을거리가 쌓여 있는 상황에서 이를 떨쳐내고 자기통제를 한다는 것은 보통 일이 아니다. 칙센트미하이는 최적 경험(optimal experience)을 하나씩 차곡차곡 쌓다 보면 자기통제에 성공하고, 자기통제는 집중력의 향상으로 이어진다고 제시하였다. 최적 경험은 외적인 조건에 좌우되지 않고 자신의 행동을 스스로 조절할 수 있는 순간을 가리킨다. 최적 경험을 통하여 우리는 '나 자신으로 살아가는 자신' '자신의 삶의 주인공으로 살아가는 자신'에 다가설 것이다. 최적 경험을 할 때 사람들은 행복하다. 최적 경험의 순간은 우리의 기억에 오래 남아서 우리가 지향하는 삶의 이정표가 된다. 여기서 삶의 신비는 최적 경험이 훌륭한 여건에서만 발생하는 것이 아니라는 점이다. 나치의 수용소에 갇혀 목숨이 위태로운 상황에서도 동료와 빵 한 조각을 반으로 나누어 먹으면서도 순간적으로 사람들은 최적 경험을 할 수 있다. 그러니 우리의 일상에서도 자신의 선택과 노력에 따라서 우리는 최적 경험을 다양하게 쌓을 수 있다. 이러한 최적 경험이 쌓이면서 우리는 자기통제에 성공하고, 이는 우리의 집중력을 향상시켜 준다.

다섯째, 집중력 방해 요인들을 제거한다. 집중력을 방해하는 요인들은 개인 내적인 것과 환경적인 것으로 나누어 생각할 수 있다. 개인 내적 요인은 다시 ① 주의력 결핍 증세가 있거나 ② 자극 과잉 포함 증상으로 살펴볼 수 있다. 자극 과잉 포함 증상은 자극들을 선별하지 못하고 무조건 받아들이는 것이다. 주의력 결핍이나 자극 과잉 포함 증상이 있으면 사람들은 심리적 에너지가 지나치게 유동적이어서 집중력이 낮다. 이들은 매순간의 일상적인 자극에 의해서 계속 영향을 받아 산만하다.

환경적 요인은 ① 사회적 무질서(anomie), ② 소외로 살펴볼 수 있다. 이 두 가지 요인 역시 사람들의 몰입을 어렵게 만든다. '사회적 무질서'는 프랑스 사회학자 에밀 뒤르켐(Emile Durkhelm)이 자신의 연구 『자살론』(1897, 1951)에서 발전시킨 것이다. 사회적 무질서는 행동의 규범이 혼란한 사회 상태, 규칙이 없는 상태, 즉 어떤 행동이 허용되며 어떤 행동이 허용되지 않는지가 불확실한 상태를 가리킨다. 그리고 사람들의 의견 중 어떠한 의견이 가치 있는 것인지 애매한 상태를 가리킨다. 소외는 카를 마르크스(Karl Marx)가 제시한 소외, 불안과 권태의 사회적 대응물로서의 소외를 의미한다. 사회적 무질서와 소외는 일상이 너무나 혼돈스럽거나 혹은 너무나 뻔하게 예측 가능해서 몰입이 안 될 때 발생한다(Csikszentmihalyi, 1990; Mitchell, 1988). 집중력의 방해 요인들을 제거하는 것은 복합적 접근이 필요하며, 쉽지 않다. 하지만 무엇이 집중력을 방해하는지 파악하는 것 자체가 중요한 시작이다. 집중력을 방해하는 요인들 중 자신에게 큰 영향을 주고 있는 요인들을 파악해서 이를 하나씩 최소화하거나 제거하는 것이 필요하다.

여섯째, 지금 이 순간 여기(Here & Now)에 집중한다. "농구를 하는 동안은 농구만 생각하게 됩니다. 다른 것은 모두 잊습니다. 농구를 하는 동안은 농구만이 저에게 유일한 세계입니다." 몰입에 빠지면 목표행동에 대한 명확한 요구가 있고, 이 요구가 우리의 의식에 질서를 잡아 준다. 자연스럽게 무질서의 간섭이 줄어든다. 그래서 현재의 일에 몰입을 하는 동안에 우리는 다른 잡념이나 불안 없이 자신의 일만 생각한다. 이러한 순간들이 사람들에게는 일종의 치료의 과정과도 같다. 진정으로 집중하고 몰입할 때 사람들은 즐거운 마음 상태가 된다.

그러나 대부분의 사람은 매일의 삶 속에서 많은 잡념과 불안에 시달린다. 스탠퍼드대학교의 심리학과 교수이면서 연민과 이타심 연구 및 교육센터(Center for Compassion and Altruism Research and Education)의 과학 부문 책임자인 에마 세팔라(Emma Seppälä)는 현재의 중요성을 강조하였다. 세팔라 교수는 그녀의 저서 『해피니스 트랙(The happiness Track)』에서 목표를 세우고 노력하는 것은 바람직한 일이지만, 다른 한편으로 '예상되는 즐거움(anticipated joy)'이라는 덫에 걸리지 않도록 조심해야 한다고 강조하였다. 즉, 많은 사람이 목표를 추구한 후에 올 것이라고 기대하는 보상, 상상하는 보상에 갇혀서 도리어 현재에 집중하지 못한다는 것이다. 스탠퍼드대학교의 캐롤 드웩 교수도 스탠퍼드대학교의 우등생 대부분이 목표를 세우고 무언가 이루어 내려고 열심히 몰두하면서 '행복의 희생'이라는 대가를 치르고 있다고 지적하였다(Dweck, 2000). 우리는 흔히 세상에서 성공하기 위해서는 계속해서 성취하면서 최대한 빨리 다음 목표들로 넘어가야 한다는 잘못된 믿음 속에서 살고 있다(Seppälä, 2016). 이러한 과정에서 사람들은 스스로를 채찍질하면서 필연적으로 늘 불안하고 초조하다. 대부분의 사람은 계속해서 자신의 발전을 위해서 노력해야 한다는 강박, 더 나아가 일중독에 빠진다.

일중독은 장기적으로 사람들의 행복에 치명적인 악영향을 주지만, 단기적으로는 심지어 좋게 여겨지는 편이다. 많은 일중독자가 일을 처리하면서 성취감과 쾌감을 느낀다. 에모리대학교의 심리학과 교수이자 뇌과학자인 마이클 트레드웨이에 따르면, 열심히 일하는 사람은 뇌의 보상 영역에서 도파민의 분비량이 유의미하게 더욱 많다(Treadway et al., 2012). 장기적으로는 일중독이 행복에 치명적인 악영향을 주지만, 단기적으로는 좋은 것으로 여겨지는 편이다. 하지만 사실상 일중독을 거치며 목표를 이루고 나면 결국 행복해지는 일은 생기지 않는다. 하나의 목표를 처리하면 곧바로 다음 목표가 나오고, 스트레스와 과로, 불안 속에서 성취감은 잠깐 반짝이고 사라진다. 사람들은 상상할 때는 엄청나게 좋을 것 같은 일이 정작 이루어지면 상상처럼 행복하지 않다는 것을 깨닫는다(Wilson & Gilbert, 2005). 그러나 그때는 이미 그 목표들을 달성하기 위해서 너무나 많은 것을 희생한 다음이다.

그러므로 현재를 사는 것이 중요하다. 우리가 진정으로 가진 것은 지금 이 순간뿐이다. 삶 자체는 지금 여기에서만 존재한다. 확실하게 존재하는 것은 지금 여기서 전개되는 나의 삶뿐이다. 끊임없이 미래를 대비하는 것이 아니라, 앞일을 생각하지 않고 현재에 집중해서 살면 생산성과 행복감이 모두 향상된다. 그런데 우리는 미래에 대비하는 것에만 익숙하지 현재를 살 줄 모른다(Seppälä, 2016). 아이를 돌보면서 아이에게 집중하는 대신에 다음 날 회의를 걱정한다. 막상 다음 날 회의를 할 때는 퇴근 후 집에 돌아가서 아이를 돌볼 일을 생각하느라 회의에 온전히 집중하지 못한다. 습관적으로 우리는 계속 미래를 대비한다. 현재를 살지 않는다. 그래서 집중이 낮아지고 몰입이 되지 않는다. 현재를 살기 위한 방법을 살펴보면 다음과 같다.

① **현재에 집중하기 위한 의식적 노력하기:** 행동주의 원칙에 기반하여 처음에는 10분씩 작은 목표를 잡아서 '온전히 집중하기'를 연습한다. 이를테면 아이와 같이 노는 시간에는 아이와 놀기에만 집중한다. 아이와 노는 사이사이에 직장에 문자를 하거나, 휴대폰으로 이메일을 확인하지 않는다. 아이와 놀아 주는 것이 아니라, 실제로 아이와 진짜로 즐기면서 즐겁게 논다. 어느덧 회사 일도, 문자도 모두 잊어버리고 정말 아이처럼 놀 수 있는 시점이 온다. 그다음은 음식 준비에 집중하기, 일할 때는 일에만 집중하기, 친구와 만날 때는 친구와 집중하기 등이다. 이제 하나씩 현재에 집중하는 습관이 생길 것이다.

② **호흡에 집중하기:** 현재에 집중하기 위한 효과적인 방법 중 하나는 호흡에 집중하는 것이다. 심장박동, 장운동 등은 우리의 의식적 개입이 불가하다. 우리의 몸에서 자율신경계의 지배를 받으면서도 의식적인 개입이 가능한 기능은 오직 하나 '호흡'이다. 호흡은 우리가 자율신경계에 관여할 수 있는 유일한 방법이다. 호흡은 우리의 마음 깊은 곳으로 내려갈 수 있는 유일한 통로이다. 호흡을 통해서 우리는 자신의 감정에 개입할 수 있다. 호흡은 순식간에 편도체를 안정화시켜 주어서 부정적 정서를 잠재우고 긍정적 정서를 높여 준다(김주환, 2023). 호흡을 통하여 우리는 자신의 마음을 현재로 끌어올 수 있다.

③ **명상하기:** 명상은 편도체를 안정화하고 전전두피질을 활성화하는 데 결정적인 도움을 준다. 전전두피질은 감정조절을 담

당한다. 명상은 자기참조과정에 관여하는 내측전전두피질-후방대상피질-설전부의 연결을 활성화한다(김주환, 2023; Tang, Hölzel, & Posner, 2015). 명상은 우리의 몸과 마음에 평온함과 자유로움, 그리고 행복감을 준다. 명상은 우리의 마음과 생각, 감정을 안정시켜서 우리의 몸과 마음이 현재에 머무를 수 있도록 도와준다. 명상은 우리의 몸과 마음이 지금 여기에서 제 자리를 찾아서 제대로 작동하는 듯한 강한 느낌을 준다(Seppälä, 2016). 명상은 불안을 몰아내고 마음에 평안과 자유로움을 가져와 준다. 명상을 하면 마음이 안정되어서 지금 여기에 더욱 집중하게 된다.

④ **즐거운 감정에 집중하며 즐기기**: 즐거움을 경험할 때 눈을 감고 한껏 즐거움을 느끼도록 해 보자. 핸드폰으로 뮤직비디오를 보면서 식사를 하는 대신에 식사에 집중한다. 먹고 있는 음식의 색감, 맛, 음식이 주는 즐거움에 집중한다. 즐거운 경험을 마음껏 즐기는 방법을 익히면 즐거운 감정이 한층 더 강해진다(Bryant, 1989)

⑤ **아무것도 하지 않고 쉬는 시간 갖기**: 멀티태스킹을 하면서 바쁘게 살면 많은 일을 하는 듯하지만, 실제로는 생각보다 생산성이 낮다. 여러 가지 일을 한꺼번에 처리하느라 마음에 불안이 높아지고, 마음이 항상 미래의 어딘가에 가 있다. 한 번씩 아무 일도 하지 않고 쉬는 것이 필요하다. 제대로 쉬어 주면 우리의 마음이 평온을 되찾는다. 비로소 우리는 온전히 현재의

순간을 살 수 있다. 그리고 멀티태스킹을 멀리하고 되도록 한 번에 하나씩 일하는 습관을 갖는다. 하버드대학교의 대니얼 길버트와 그의 동료가 『사이언스지』에 발표한 성인 5,000명을 대상으로 연구한 「마음이 다른 곳을 헤매는 사람은 불행하다(A wandering mind is an unhappy mind)」에 따르면 '현재 하고 있는 일에만 집중'할 때 우리의 정서적 행복도가 가장 높다(Killingsworth & Gilbert, 2010; Franklin et al., 2013). 다시 말해서 앞으로의 일을 미리 걱정하고, 지난 일을 후회하면서 시간을 쓰는 것이 아니라, 현재의 일과 상황에 제대로 집중하면 우리의 행복감과 생산성이 모두 높아진다.

일곱째, 물리적으로 정돈된 환경이다. 물리적 환경은 생각보다 훨씬 중요한 역할을 한다. 몰입을 원한다면 우선 자신의 책상부터 정리하는 것이 효과적인 방법이다. 마음을 산란하게 하는 잡동사니들을 치우면 집중해야 하는 것이 무엇인지 명확해진다. 또한 역으로 책상을 정돈한다는 것은 내가 현재 하고 있는 일을 '분류'하고 일의 '우선순위'를 매기는 과정이다. 지금 할 일이 정해지고, 책상이 깔끔해지면 우리의 몰입이 촉진된다.

이 장에서 몰입의 정의, 몰입과 행복의 관계, 몰입을 향상시키는 구체적인 방법들에 대해서 살펴보았다. 몰입에 빠지면 우리는 현재 수행하고 있는 과제에 전적으로 집중하고, 자신의 존재도 인식하지 못하는, 물 흐르는 듯한 상태에 들어간다. 내가 곧 일이고, 일이 곧 나인 상태이다. 이러한 몰입 상태에서 사람들은 '현재'를 온전히 살 수 있고, 구름 위에 뜬 것처럼 행복한 상태가 된다. 몰입 상태에서 사람들은 나 자신의 삶의 키를 내가 쥐고 있는 주인으로서의 지각을 강하게 갖는다. 몰입을 자주 혹은 일상적으로 경험하면서 사는 사람과 한 번도 제대로 경험해 보지 못한 사람의 삶은 완전히 다른 삶이다. 긍정적 정서의 기반 위에서 자신의 목표를 명확하게 설정하고, 자신의 현재 기술 수준과 목표 간의 균형을 맞추면서 지금 이 순간 여기에 온전히 집중하면서 몰입을 촉진하자. 우리의 삶이 보다 행복하고, 보다 충만해질 것이다.

# 제9장

# 자기결정성이론

1. 자기결정성이론의 개요
2. 기본심리욕구이론
3. 구조화된 자율성 지지적 환경

자기결정성이론(self-determination theory)은 긍정적 정서와 관련한 동기이론으로서 인간의 동기와 웰빙(well-being), 더 나아가 성격 발달을 이해하는 데 유용한 이론이다. 자기결정성이론은 동기의 양보다는 동기의 질에 초점을 맞추는 점에서 매우 독특한 동기이론이다. 즉, 자기결정성이론은 사람들이 얼마나 많이 동기유발되었는지뿐 아니라, 어떠한 '종류'의 동기에 의해서 행동하는지에 초점을 둔다(Deci & Ryan, 2000; Ryan & Deci, 2017). 동기유발은 긍정적 정서의 기반 위에서 이루어진다. 흥미와 기쁨의 긍정적 정서는 사람들이 특정 활동에 대하여 자발적으로 관여하도록 만들어 주며, 학습동기를 유발시켜 준다(Reeve, 1989, 2009). 자기결정성이론은 동기와 정서 및 발달에 대한 거시적인 이론으로서 다양한 맥락에서 사람들의 동기화된 행동과 다양한 행동을 예측하고, 사람들의 행복과 발달의 과정에 대해서 깊이 있는 통찰을 던져 준다. 자기결정성이론은 기본적인 동기이론이며 발달이론일 뿐 아니라, 교육학, 다양한 조직, 스포츠, 건강, 테크놀로지 등에 실제적으로 활발하게 적용되는 이론이다(Ryan, Soenens, & Vansteenkiste, 2019).

## 1. 자기결정성이론의 개요

자기결정성이론은 1970년대에 내재적 동기의 활성화와 침해에 대해서 연구하면서 시작되었다. 이후 1980년대에 로체스터대학교의 에드워드 디씨와 리처드 라이언이 자기결정성이론을 제안하였고, 최근까지 많은 주목을 받으며 국내외에서 널리 연구되고 받아들이고 있다(Deci & Ryan, 1980, 1985, 2000, 2017). 자기결정성이론의 핵심은 '자기결정(self-determined) 혹은 자율적 동기(autonomous motivation)' vs. '비자기결정(non-self-determined) 또는 통제된 형태의 동기(controlled forms of motivation)'의 구분이다. 자기결정성에서 강조하는 것은 개인의 행동조절 유형을 자기결정적 기능, 즉 얼마나 자발적으로 분출된 행동인가를 가지고 구분한다. 그러므로 자기결정성이론에서 내재적 동기는 자율적 행위들의 원형이다. 즉, 사람들이 자기결정적이라는 것은 내재적으로 동기화되었다는 것과 통한다.

자기결정성이론은 사람들이 주인의식을 갖고 스스로 선택을 하는 것이 사람들의 수행의 질을 높이고, 더욱 끈기를 갖게 하고, 보다 높은 수준의 웰빙을 가능하게 해 준다고 강조한다. 디씨 교수는 자기결정성이라는 용어를 사용하면서 자율적 의도와 통제된 의도를 구분하였다.

자기결정은 세 가지 경험적 특질로 정의할 수 있다. 첫째, 지각된 통제의 소재(perceived locus of control), 둘째, 지각된 선택(perceived choice), 셋째, 자유의지(volition)이다. 지각된 통제의 소재는 자기결정성의 제1특질이다. 지각된 통제의 소재는 행동의 원인에 대한 개인의 이해를 의미한다. 지각된 통제의 소재는 내적(internal)인 것으로부터 외적(external)인 것에 이르는 연속체 상에 존재한다. 지각된 선택은 자기결정성의 제2특질이다. 사람들은 외부로부터 강제로 주어지는 것이 아니라 자신이 원하는 대로 결정한 것이라는 지각이 중요하다. 억압적인 환경에서 사람들은 선택감을 지각하지 못한다. 자유의지는 자발적으로 특정 활동을 하고자 하는 특질을 가리킨다.

자기결정성이론은 크게 두 가지의 하위이론을 포함한다(Ryan, Kuhl, & Deci, 1997). 첫째는 인지적 평가이론(Cognitive Evaluation Theroy: CET)이다. CET는 사람들이 본인에게 적절한 사회 환경적 조건에 있을 때 내재적 동기가 촉발된다고 주장한다. 두 번째는 유기적 통합이론(Organismic Integraton Theroy: OIT)이다. OIT는 자기결정성 혹은 자율성이 내재적 동기의 중요한 요인이지만, 내재적 동기만이 자기결정적 동기의 유일한 유형은 아니라고 제시한다. 그리고 실제로 사람들의 행동이 전적으로 내재적 동기만으로 이루어지는 경우는 거의 없다. 외적 동기 요인들이 어느 정도 개입해도 자기결정성을 가질 수 있다.

디씨와 라이언은 내재적 동기와 외재적 동기가 상호대립적이 아니라, 상대적인 자율성의 수준에 따라서 하나의 연속선상에 놓을 수 있다고 보고 ① 무동기(amotivation), ② 외적(external) 조절, ③ 내사 조절, ④ 동일시 조절, ⑤ 통합 조절, ⑥ 내재적 동기의 여섯 가지로 구분하여 유형화하였다(Ryan & Deci, 2000; Ryan & Connell, 1989). 첫째, 무동기는 자기결정성이 전혀 없는 상태이다. 무동기는 행동하려는 동기가 극단적으로 결핍되어 있는 상태이다. 사람들은 무동기 상태에서 행동을 전혀 하지 않는다. 혹 행동을 한다고 해도 이는 의도가 없는 상태에서 그저 움직임이 있을 뿐이다. 무동기 상태에서는 사람들은 자기인식이 없고, 행동에 가치 부여가 없고, 나름 기대하는 성과도 없다(Ryan, 1995; Seligman, 1975). 무동기 상태의 사람들은 거의 동기유발이 어렵다. 둘째, 외적 조절은 가장 강력한 외재적 동기의 형태이다. 외적 조절은 자기결정성이 없고, 외부의 요구나 보상, 외적 제약 때문에 특정 행동을 한다. 외적 제약의 예시는 부모나 교사, 보스 등의 강요 혹은 보상, 마감 시간 등을 들 수 있다. 이를테면 외적 조절의 사람들은 "안 하면 안 되니까" "안 하면 불이익을 받으니까" 등으로 반응한다. 이들의 행동은 외적 인과소재(locus of causality)에 대한 지각을 갖는다. 이는 내재적 동기와 완전히 대조적인 것이다. 셋째, 내사 조절은 행동의 원인을 내면화시키기 시작하는 단계이다. 자신의 의지가 개입하기 시작하는 단계이다. 즉, 내사 조절에서는 어느 정도 자기결정성이 반영되므로 내재적 동기의 측면도 있다. 그러면서도 동시에 내사 조절은 기본적으로 외부의 압력에 기초한다. 내사 조절에서 사람들은 자신 혹은 다른 사람들의 인정을 받기 위해서 혹은 비판을 회피하기 위해서 행동한다. 예를 들어, 시험 성적이 낮으면 부모님의 인정을 받기 어렵기 때문에 열심히 공부하는 학생은 부과된 원인에 속한다. 왜냐하면 공부 자체가 즐거워서 하는 것이 아니므로 외재적 동기로 구분된다. 그러나 공부를 하기로 선택했다는 점에서 어느 정도 자기결정성이 반영되므로 일부 내재적 동기의 측면도 있다. 내사 조절은 외적 요인들만으로 이루어지지 않고, 부분적으로나마 자신의 결정이 반영되는 단계의 행동을 한다. 행동 자체가 보상이 되는 것은 아니다. 넷째, 동일시 조절은 상당히 자기결정된 외재적 동기이다. 동일시 조절은 외재적 동기로 인하여 행동이 유발되었으나 동시에 개인적으로 중요하다고 생각해서 자발적으로 해당 행동을 선택하고 수행하는 것을 나타낸다. 예를 들어, 과학자가 되기 위해서 수학 공부를 열심히 한다면 이는 외재적 동기이지만 수학 공부가 자신의 삶에 가치 있다고 자각하여 자유롭게 선택한 것으로서 상당히 자기결정적이기도 하다. 다섯째, 통합 조절은 외재적 동기 중에서 가장 자율적이고 내재화된 동기를 가리킨다. 사람들은 자신에 완전히 동화된 선택된 조절에 의해서 행동을 하지만, 행동 자체가 보상이 되어 주지 못한다. 여섯째, 내재적 동기는 행동 그 자체가 기쁨이고 만족스럽기 때문에 행동한다.

## 2. 기본심리욕구이론

자기결정성이론들 중 기본심리욕구이론(Basic Psychological Needs Theory: BPNT)은 인간이 타고난 기본심리욕구들로 ① 자율성(autonomy), ② 유능감(competence), ③ 관계성(relatedness)을 제시한다. 기본심리욕구이론에 따르면, 사람들은 자연스럽게 이들 기본심리욕구들을 만족시키는 방향으로 활동을 하고 관계를 맺는다. 기본심리욕구가 충족되면 내재적 동기가 향상되어 심리적으로 통합이 이루어지고 더욱 성장한다(Ryan, 1995). 기본심리욕구가 만족스럽게 충족되지 않으면 심리적으로 문제가 발생한다(Ryan & Deci, 2019; Vansteenkiste & Ryan, 2013). 기본심리욕구이론에 기반한 목표내용이론(Goal Contents Theory: GCT)에 따르면 자율성, 유능감, 관계성의 기본심리욕구들을 자극해서 내재적 동기, 외재적 열망, 삶의 목표가 향상되고, 이들은 다시 사람들의 웰빙에 다양한 효과를 가져온다(Vansteenkiste et al., 2010). 기본심리욕구이론은 보다 건강한 자아의 발달을 위한 핵심적 적용점을 제시한다. 기본심리욕구들을 보다 자세히 살펴보면 다음과 같다.

### 1) 자율성의 욕구

자기결정성이론 자체가 '통제된 의도'와 '자율성'을 구분하여 논의하는 것으로부터 시작되었으며, 자율성은 기본심리욕구이론의 세 가지 기본심리욕구 중에서도 가장 핵심 요소로서 연구되어 왔다(Ryan, 1982; Ryan et al., 1983). 자율성의 기본심리욕구는 인간은 태어나면서부터 누구나 자신이 무엇을, 언제, 어떻게 할지, 자신의 시간을 어떻게 사용할지를 스스로 결정하려는 욕구를 갖고 태어난다는 것을 의미한다(Deci, 1980). 자율성의 욕구는 사람들이 자신의 행동이 스스로 선택한 것이라고 느끼는 것을 필요로 하는 것이다(Deci & Ryan, 2000). 자율성은 자신의 행동을 자발적인 것으로 귀인시키려는 내적인과소재를 의미하며, 자신이 행동의 주체(origins)이지 객체(pawns)가 아니라는 신념이다(DeCharms, 1968; Ryan & Grolnick, 1986). 자율성을 지각할 때 사람들은 자신이 자유롭게 선택해서 행동한다고 지각하고, 진정한 자아, 가치를 느낀다. 자율성을 지각할 때 사람들은 자신만의 목표를 세우고 앞으로 나아가며 자신이 스스로의 행동의 근원이라고 느낀다(Ryan & Deci, 2006). 자율성은 사람들이 보다 통합된 자아를 지각하며, 통합된 자아와 일치하는 경험과 행동을 스스로 조직하려는 욕구를 가리킨다.

선행연구들에 따르면, 자율성의 기본심리욕구가 충족되면 다양한 긍정적 성과가 나타났다. 메타분석 연구에 따르면, 자율성 지지는 기본심리욕구들의 만족과 정적 관계를 갖는다. 또한 기본심리욕구들이 만족되면 사람들은 보다 더 자율적이 되며, 강압적 혹은 무동기의 통제와는 부정적 관계를 갖는다(Ryan et al., 2022). 자율성을 포함한 기본심리욕구들은 사람들의 행복과 심리적 만족, 활기 등에 큰 영향을 준다. 학생들의 자기결정성이 높을수록 삶에 대한 만족도와 자아존중감이 증가하였고, 학교생활에 대한 심리적 적응, 집중, 긍정적 정서 등에 정적 효과가 있었다(Diener, 2000; Levesque et al., 2004; Vallerand, Fortier, & Guay, 1997; Ryan & Connell, 1989). 자기결정성이 증가할수록 내재적 동기가 높아진다(Grolnick & Ryan, 1987; Levesque et al., 2004; Niemiec & Ryan, 2009; Ryan & Deci, 2000). 반면에 자율성이 침해를 받으면 발달에 어려움이 생기고, 스트레스를 더욱 많이 받으며 쉽게 좌절한다(Ryan, Deci, & Vansteenkiste, 2016). 자율성 지지와 인지적 역량의 관계를 살펴보면 자율성 지각이 증가될수록 사람들의 사고능력이 향상되고, 학문적 관여와 인지적 역량 및 성취도가 증가하였다(Jang, Kim, & Reeve, 2012; Jang et al., 2009; Vansteenkiste, Niemiec, & Soenens, 2010). 반면에 자율성이 낮은 학생들은 노력을 적게 하였고, 관여가 낮고, 성취도도 낮았다(Bindman, Pomerantz, & Roisman, 2015; Vallerand et al., 1992; Vasquez et al., 2016).

자율성이 증가하면 사람들의 사회성도 향상된다. 자율성이 향상되면 자신의 형제와의 관계도 더욱 좋아진다(van der Kaap-Deeder et al., 2015). 반면에 자율성이 침해받으면 행복감이 감소하였다(Bartholomew et al., 2011; Haerens et al., 2015; Silva et al., 2014; Vansteenkiste & Ryan, 2013).

자신의 부모와 교사가 '자율성 지지적(autonomy-supportive)'이라고 지각하면 청소년들은 자신의 과업에서 보다 끈기를 발휘했다(Hardre & Reeve, 2003). 또한 부모나 교사가 자율성 지지적이라고 지각하면 학생들의 학업성취도가 유의미하게 증가하였다(Grolnick & Ryan, 1987; Jang, Kim, & Reeve, 2012; Vansteenkiste et al., 2005b). 반면에 강압적 환경은 학업성취도에 부적 영향을 주었다(Vallerand, Fortier, & Guay, 1997). 청소년들에게 주요한 타인인 아버지, 어머니, 교사가 자율성을 지지해 줄수록 학생들은 학교와 성취에 대해서 긍정적인 방향을 설정하였다(Mahoney et al., 2005). 부모의 자율성 지지는 자율적 통제와 지각된 유능성을 향상시켜 준다. 부모나 교사가 자율성을 지지해 주면 학생들은 학교에서의 만족감이 높아지고, 더 나아가 삶의 만족도도 높아졌다(Sheldon, Abad, & Omoile, 2009).

교사들의 자율성을 지지해 주면 교사들의 행복감이 증가하며, 직업에 대한 만족도가 높아진다. 자율성 지지는 교사들의 스트레스를 줄여 주고, 소진되는 것도 막아 주었다(Slemp, Field, & Cho, 2020). 무엇보다도 자율성을 지지받은 교사들은 보다 자율성 지지적으로 학생들을 가르칠 수 있다. 교사들의 동기화 유형과 학생들의 동기 유형의 관계를 살펴보면 교사들이 학생들에게 자율성 지지적이면 학생들의 심리적 욕구(need) 만족이 높았다. 학생들의 심리적 욕구 만족의 수준은 학생들이 학급에서 얼마나 잘 관여(engagement)하는지를 예측해 주었다. 그리고 관여의 정도는 학습, 수행, 성취의 수준을 예측해 주었다(Assor et al., 2005; Jang et al., 2009; Vansteenkiste, Niemiec, & Soenens, 2010). 자율성 지지가 학교뿐 아니라, 일터에서는 어떠한 영향을 주는지 알아보기 위한 연구 결과도 자율성을 지지하였다. 9개 나라, 72개의 연구로부터 754개의 상관관계를 분석한 연구에 따르면, 리더가 자율성을 지지하면 과업 동기(work motivation)가 보다 자율적이 되고, 내재적 동기가 더욱 향상됨을 보고하였다(Slemp et al., 2018). 사람들은 자신이 삶의 주체라고 지각하고, 나 자신의 행동을 스스로 선택한 것이라고 지각할 때 비로소 사람들은 과제에 대한 흥미와 관심이 생겨난다. 남이 시켜서 강압적으로 과제를 해야 하는 상황에서는 과제에 대한 순수한 관심이 생기기 어렵다.

존 마샬 리브 교수와 장형심 교수, 그리고 저자는 8학년 학생 500명을 대상으로 수행한 자기결정성 단기종단연구를 수행하였다(Jang, Kim, & Reeve, 2012). 본 연구에서는 한 학기를 세 개의 시점, 즉 학기 초, 학기 중간, 학기 말의 세 시점으로 나누어 단기종단연구를 하였다. 본 연구 결과에 따르면, 학생들이 교사가 자율적이라고 지각할수록 학생들도 자율적이게 되어 교사들이 더욱 자율성 지지적이 되는 선순환의 구조를 갖는다. 학생들의 자율성 욕구가 만족되면 학생들은 교사의 동기 유형에 대해서 긍정적인 지각을 갖게 된다. 상호적으로 교사들도 자신의 학생들의 동기 유형에 대해서 적응을 한다. 학생들의 자율성 수준이 높으면 교사들은 더욱 자율성을 지지하게 되고, 학생들의 자율성 수준이 낮으면 교사들도 자율성 지지가 낮아진다. 즉, 학생들의 자율성 수준과 교사들의 자율성 지지, 이 둘의 관계는 상호적이다. 또한 학생들의 학기 중간 관여(engagement)는 학기 말의 자율성 욕구 만족을 예측한다. 이때 학생들의 학기 중간 자율성 욕구 만족과 자율성 지지에 대한 지각은 통제된다. 다시 말해서 학생들의 자율성 욕구 만족의 변화는 학생들이 지각하는 교사의 자율성 지지뿐 아니라 학생들 자신의 행동적 · 정서적 · 인지적 · 주도적 관여와 관련이 있다. 특히 본 종단연구에서 밝혀낸 것은 관여 자체가 아니라 시간의 흐름에 따른 '관여의 변화'가 중요하다. 이러한 '관여의 변화'는 자율성 욕구 만족의 변화에 따른 변화이다. 이와 같은 연구 결과를 기반으로 자율성 욕구가 만족되면 학교 수업에서 학생들의 행동적 · 정서적 · 인지적 · 주도적 관여의 '변화'가 가능함을 확인할 수 있다. 학생들의 자율성을 지지해 주는 것과 교실에서의 관여는 상호적 관계를 맺으면서 서로의 원인과 결과가 되어 준다.

다양한 연구를 종합해 보면 사람들은 자율성을 지지받는다고 지각할 때 내재적 동기가 향상되고, 보다 높은 관여를 나타내며 성취가 향상된다. 청소년들의 주요한 타인, 즉 부모와 교사가 자율성 지지적이면 학생들은 학교생활에 보다 만족하고, 더욱 열심히 공부하며 높은 성취를 나타낸다. 그리고 자율성을 지지받은 교사들이 학생들에게도 자율성 지지적이 된다. 자율성을 지지받은 학생들은 실제로 자율성이 높아지고, 해당 학생들의 교사들은 더욱 자율성 지지적이 되는 선순환을 갖는다.

### 2) 유능성의 욕구

사람은 누구나 유능성을 갖기 원하고, 노력하는 성향을 갖고 태어난다. 사람은 나면서부터 호기심을 갖고 태어나며, 배우기를 원하는 성향, 자신을 둘러싼 지식과 가치를 내재화하는 성향을 갖고 태어난다(Ryan, 1995; Loewenstein, 1994). 자기결정성이론의 유능성은 자신을 둘러싼 환경과 효능적으로 상호작용할 수 있다는 믿음, 자신에게 주어진 주요 과업을 잘 해낼 수 있다는 자신감을 의미한다. 유능성에 대한 욕구는 획득한 기술이나 역량의 절대치가 아니라, 본인이 유능하다고 스스로 '지각'하는 것이다. 또한 유능감은 자신이 주요 과업을 잘 해낼 수 있다는 자신감을 표현하거나 발달시키는 기회를 갖는 경험을 하는 것이다(Deci & Ryan, 2000).

사람들은 도전에 직면했을 때, 해당 문제의 해결을 위해서 자신의 힘을 쏟아붓는다. 사람들은 자신의 능력에 비추어서 너무 쉽지도 어렵지도 않은 최적의 도전을 추구한다. 이와 같은 도전을 해 나가면서 우리는 자신의 기술과 역량을 향상시키려고 끊임없이 노력한다. 사람들은 모두 타고 태어난 유능성의 욕구가 있다. 사람들은 자신에게 주어진 도전적인 과제를 추구하고, 이에 대하여 긍정적 피드백을 받을 때 유능감의 욕구가 충족되어 만족감을 느끼고 행복하다(Deci & Ryan, 1985; Elliot & Thrash, 2002; Koestner & McClelland, 1990; Reeve, 2005).

최적의 도전은 앞에서 살펴본 칙센트미하이의 몰입이론에의 도전이다. 최적의 도전을 통하여 사람들은 특정 활동에 완전히 몰두하고 깊이 관여하며 집중한다(Csikszentmihalyi, 1975; Csikszentmihalyi, & Figurski, 1982; Csikszentmihalyi, 1990). 최적의 도전은 몰입 상태에 빠지도록 해 주며, 몰입은 사람들에게 높은 수준의 행복감을 준다. 자기결정성이론의 유능성 욕구를 충족시켜 줄 수 있는 과제는 최적의 도전감을 주는 과제이다. 최적의 도전에서 성공하는 것이 우리에게 높은 수준의 행복감을 가져다준다. 또한 사람들이 최적의 대면을 경험하기 위해서는 수행에 대한 피드백이 중요하다. 사람들은 과제를 수행하고 첫 피드백을 받는 바로 그 순간에 비로소 심리적으로 도전을 경험한다(Isen & Reeve, 2005; Reeve & Deci, 1996).

사람들이 유능감을 지각하면 내재적 동기가 향상된다(Jang et al.,

2009; Standage, Duda, & Ntoumanis, 2003). 이를테면 캐나다 퀘벡의 고등학생 4,537명을 대상으로 수행한 연구에서 유능감을 지각한 학생들의 학습동기가 유의미하게 증가하였다(Vallerand, Fortier, & Guay, 1997). 평균 14세 아동 328명을 대상으로 수행한 연구에서도 학생들의 유능감 지각과 내재적 동기는 유의미한 관계를 나타냈다(Standage, Duda, & Ntoumanis, 2003). 중국 중소도시의 평균 16세 학생 576명을 대상으로 수행한 단기종단연구에 따르면, 학교에서 학생들이 유능감을 지각하면 긍정 정서가 향상되었다(Tian, Chen, & Huebner, 2014). 16편의 연구, 6,832명의 참여자를 메타분석한 결과에 따르면, 유능성의 욕구가 충족되면 보다 낮은 부정 정서를 나타냈다(Stanley, Schutte, & Phillips, 2021). 대학 신입생의 자율성과 유능성 및 대학생활 만족도 간의 시간에 따른 변화와 상호연관성을 잠재성장모형으로 검증한 연구에서도 신입생들의 유능성은 대학생활 만족도에 강한 정적 영향을 주는 것으로 나타났다(김은주, 김민규, 2014). 본 연구에서 특히 밝힌 흥미로운 사실은 유능성의 초기값보다는 유능성의 변화율이 더욱 강하게 대학생활 만족에 영향을 준다는 것이다. 이와 같은 연구들에서 나타난 학교에서의 긍정 정서의 향상, 만족도의 향상 등은 학교에서 보내는 학생들의 시간의 누적량을 생각해 보면 그 의미가 크다.

학교에서의 긍정 정서의 증가는 직접적으로 학업성취도 향상으로 이어진다(Elmore, 2007; Guay, Marsh, & Boivin, 2003; Huebner & Gilman, 2006). 앞에서도 살펴본 바와 같이 긍정 정서는 사람들의 성취도를 높이고, 유능성의 지각은 긍정 정서를 향상시켜 줌으로써 성취도에 정적 영향을 준다. 저자와 동료들이 '2005 한국교육종단연구

1차년도' 조사에 참여한 중학생 6,908명의 설문자료를 분석하여 유능성의 효과를 살펴본 연구에서도 유능성의 지각은 학업성취에 유의미한 정적 영향을 주었다(김은주 외, 2006). 저자와 도승이 교수의 연구에서도 학생들의 유능감이 높을수록 협동학습 수업에 더욱 적극적으로 관여하는 것으로 나타났다(김은주, 도승이, 2009).

유능성을 높일 수 있는 방법들은 다양하다. 그중에서도 다양한 연구에서 활용하고 있는 구체적인 방법을 소개하면 다음과 같다. 첫째, 명확한 기대치를 기술한다. 둘째, 목표달성을 위한 방법을 안내한다. 셋째, 건설적이고 긍정적인 피드백을 제시한다(Carpentier & Mageau, 2016; Sierens et al., 2009). 선행연구들을 살펴보면 자기결정성이론의 세 가지 기본심리욕구 중에서도 유능성은 특히 성취도에 직접적인 영향을 주는 변인이다. 보다 다양한 방법을 연구하고 적용하여 사람들이 자신의 유능성을 지각할 수 있도록 도와주면 동기가 촉진되고 성과가 향상되는 성과를 보다 확실히 가져올 수 있을 것이다.

### 3) 관계성의 욕구

자기결정성이론에서 관계성의 욕구는 가장 나중에 포함된 요인이다. 사람들은 누구나 관계성의 기본 욕구를 타고 태어난다. 즉, 인간은 다른 사람들과의 친밀한 관계를 형성하고 유지하려고 노력한다. 소속감은 사람들에게 삶의 의미를 주고, 외로움은 삶의 의미에 부정적인 영향을 준다. 즉, 인간은 소속감을 가져야 비로소 삶의 의미가 생기고, 사람들과 친밀감 있는 따뜻한 관계를 유지하며 활기차고 행복하게 살아야 제대로 기능할 수 있는 존재이다(Baumeister & Leary, 1995; Hicks & King, 2009). 관계성을 증가하기 위해서 우리는 다른 사람들과 더욱 잘 대화하고, 협업을 잘하고, 타인을 더욱 잘 보살피고, 따듯하고 친밀한 의사소통을 한다(Sparks et al., 2016; Sparks et al., 2017).

자기결정성의 기본심리욕구이론에서 제시하는 관계성에 대한 욕구는 사람들이 사회적 맥락 속에서 자신을 둘러싼 주요한 타인들과 정서적으로 따뜻한 관계를 잘 맺으며, 단단한 연결망을 구축하는 것을 가리킨다. 관계성의 기본 욕구가 만족되기 위해서는 본질적으로 스스로 타인을 진심으로 돌보아 주는 것, 정서적으로 의미 있는 방식으로 다른 사람과 진정한 관계를 맺는 기회를 갖는 것이 중요하다(Ryan, 1993). 타고 나면서부터 관계성을 원하도록 되어 있기 때문에 우리는 자신의 마음을 이해해 주고, 심리적인 안녕감을 주는 사람들에게 자석처럼 끌린다. 반대로 자신의 심리적 안녕감을 확보하는 데 믿음이 가지 않는 사람에게서 자연스럽게 멀어진다.

자기결정성이론 연구들에 따르면, 관계성의 욕구가 충족되면 다양한 긍정적 성과가 나타난다. 관계성을 지각하면 자율성과 유능감과 마찬가지로 내재적 동기가 향상된다. 사람들이 관계성의 욕구를 만족하면 심리적인 어려움이 감소하기 때문에 내재동기의 발현이 훨씬 잘 일어난다. 연구에 따르면 주요한 타인과의 관계, 즉 부모, 교사, 동료들과의 관계성 욕구가 충족되면 학생들의 정서적·행동적 관여가 향상되었다(Furrer & Skinner, 2003). 관계성의 욕구가 충족되면 심리적 웰빙도 증가하였다(Vansteenkiste et al., 2006). 미국 마이애미에서 다양한 연령의 청소년, 6학년(33.7%), 9학년(34.5%),

12학년(31.8%) 406명을 대상으로 수행한 조사연구에 따르면 주요한 타인과의 관계의 질, 즉 ① 아버지, ② 어머니, ③ 동성 친구들과의 관계의 질이 높다고 지각할수록 학교에서 더욱 높은 역량을 나타냈다. 보다 구체적으로 ① 아버지, ② 어머니, ③ 동성 친구들과의 관계 중에서 하나나 둘 혹은 모두 다 관계의 질이 낮은 경우보다 관계의 질이 높은 경우에 학교에서의 성취도가 높았다. 본 연구에서 관계의 질은 관계의 네트워크 설문지(Network of Relationships Inventory: NRI; Furman & Buhrmester, 1985)를 활용하여 측정하였다. 본 연구를 통하여 청소년들이 학교에서 자신의 역량을 제대로 발휘하기 위해서는 부모, 친구들과의 관계, 관계의 질이 기반이 되어야 함을 다시 확인할 수 있었다. 직장 상황에서의 관계성에 대하여 독일과 카메룬의 성인 259명을 대상으로 수행한 연구에서도 관계성의 욕구가 충족될수록 직장에서의 만족도가 더욱 높게 나타났다(Hofer & Busch, 2011).

다시 말해서 관계성의 기본심리욕구가 충족되면 사람들의 긍정정서가 더욱 높아지고, 내재적 동기가 증가하고, 활기차고 행복감을 느끼며 자신의 과업에 더욱 적극적으로 참여하였다(Amorose & Anderson-Butcher, 2007; Kasser & Ryan, 1999; Ntoumanis, 2005; Ryan & Lynch, 1989). 반대로 관계성의 욕구가 충족되지 않으면 우울하고 슬프고 외로움이 증가하였다(Baumeister & Leary, 1995; Pierce, Sarason, & Sarason, 1991; Williams & Solano, 1983; Windle, 1992).

이와 같이 자기결정성 연구들은 관계성 욕구가 충족되면 바람직한 성과를 나타낸다고 다양한 연구를 통하여 보고하였다(Ryan & Deci, 2000, 2002). 그러나 다른 한편으로 성취도의 측면에서는 관계성의 효과가 자율성과 유능감에 비하여 상대적으로 낮다는 연구 결과들도 보고되었다(Fortier, Vallerand, & Guay, 1995; Hardre & Reeve, 2003). 특히 우리나라에서 수행되는 관계성의 효과에 대한 연구들은 유의미한 성과를 나타내지 않는 연구들이 있다. 예를 들어, 우리나라 9학년 학생 142명을 대상으로 수행한 자기결정성 연구에서도 학생들의 관계성 욕구의 충족이 내재적 동기, 관여 및 성취 등에서 유의미한 정적 관계를 나타내지 않았다(Jang et al., 2009). 이와 같은 결과에 대해서 해당 논문에서는 한국 학생들의 학습 상황의 특수성, 학교에서의 교사와의 관계가 친밀함보다는 존경심일 수 있으며, 이러한 문화 차이가 결과에 부분적으로 영향을 줄 수 있다는 점 등을 들고 있다. 하지만 관계성과 내재적 동기, 관여, 성취 등이 유의미한 관계를 나타내지 않는 부분에 대해서는 앞으로 더욱 치밀한 실증적 연구들을 통하여 연구들을 다시 살펴볼 필요가 있다. 또한 관계성과 성과들이 정적 관련을 보이지 않는 명확한 원인들도 밝혀 낼 필요가 있다. 이와 같은 후속 연구들은 향후 우리의 교육 현장에 중요한 기초 자료가 되어 줄 것이다.

## 3. 구조화된 자율성 지지적 환경

자기결정성이론에 대한 연구들을 통하여 자율성이 강조되면서 자율성을 지지하는 환경에 대한 연구들도 활발하게 이루어지고 있다. 특강 등에서 자기결정성이론 혹은 자율성 지지적 환경을 제안하면 흔히 “아이들이 하고 싶은 대로 하게 해 주면 게임만 할 것이다”

"하고 싶은 대로 할 수 있게 해 주면 SNS만 할 것이다"는 우려들이 뒤따라온다. 하지만 자율성 지지적 환경은 "하고 싶은 것을 다 하도록 내버려 두는 것"이 아니다. 도리어 자율성 지지적 환경은 잘 짜인 구조를 가진 훌륭한 학습 환경이다.

자율성 지지적이라는 것은 학부모, 교수자, CEO가 자신이 아니라, 구성원들의 입장에 초점을 맞춘 것이다(Vansteenkiste et al., 2019). 자율성 지지는 구성원들이 자신의 과업에 대해서 스스로 마음에서 우러나와서 자발적으로 수행할 수 있도록 지원하고 뒷받침해 주는 것이다(Reeve, Deci, & Ryan, 2004). 이를테면 자율성 지지적인 교사는 학생의 관점에서 학습을 다루므로 학생들이 흥미롭게 여기는 것이 무엇인지, 학생들이 선호하는 것이 무엇인지에 초점을 맞춘다. 회사의 CEO도 자신의 입장에서 회사 경영을 생각하는 것이 아니라, 회사 구성원들의 입장에 초점을 맞추는 것이다. 그래서 자율성 지지적인 교사, 학부모, 리더들은 구성원들에 대해서 보다 호기심이 많고, 열려 있고, 보다 융통성 있는 태도를 보인다. 다시 말해서 자율성 지지적 환경은 권위를 부여받은 직위의 사람, 즉 부모나 교수자, CEO 등이 상대방의 입장과 견해, 느낌을 수용해서 선택을 위한 적절한 정보와 기회를 제공하는 환경이다. 자율성 지지적 환경은 구성원들이 스스로 선택하고 주도적으로 행동할 수 있는 기회를 제공하면서 동시에 압박이나 요구는 최소화하는 것을 의미한다(Black & Deci, 2000, p. 742; Rouse et al., 2011).

이를테면 학교 상황에서 교사가 학생의 자율성을 지지한다는 것은 교사가 학생들의 내재적 동기, 심리적 욕구 등의 내적 동기 자원을 잘 이해하고, 더욱 촉진하고, 적극적으로 지원한다는 것이다. 다시 말해서 자율성을 지지한다는 것은 기본적으로 상대방과의 관계에서 '지원과 이해'가 기본 축이 되는 것이다. 이를 위해서 교사들은 학생들의 관점을 수용하고, 학생들이 보다 주도적으로 자신의 학습을 전개해 갈 수 있도록 지원한다. 자율성 지지적인 교사는 학생들이 원하는 것이 무엇인지 구체적으로 들어 주고, 학생들이 원하는 것을 할 수 있도록 도우려고 시도한다. 반면에 통제적인 교사는 때로 학생들의 의견을 듣기도 하지만, 많은 경우에 학생들의 의견을 듣지 않고 교사의 생각대로 학습을 진행한다. 교사가 지시한 것을 학생들이 잘 따라서 하면 학습이 제대로 이루어진 것이라고 생각한다.

특히 자율성 지지적인 교사는 학생들의 학습이 기본심리욕구들을 충족시키는 방향으로 수행될 수 있도록 돕는다. 이를 보다 구체적으로 살펴보면 ① 자율성 지지적인 교사의 기본적인 태도는 '학생에게 초점 맞추기'이다. ② 자율성 지지적인 교사는 학생들을 대할 때 이해심을 기본 전제로 한다. ③ 자율성 지지적인 교사는 학생들의 관점을 수용하려고 노력한다. 이 셋은 서로 상호유기적인 관계를 맺는다. 이 중에서 관점 수용을 자세히 살펴보면 다음과 같다. 교사가 학생들의 관점을 수용한다는 것은 크게 나누어서 ① 내재적 동기를 지지하는 것, ② 학생들의 내면화를 지지하는 것으로 나눌 수 있다. 내재적 동기를 지지하는 것은 다시 학생들의 흥미 추구를 지지하는 것과 학생들의 기본심리욕구를 만족시키는 방식으로 학습활동을 제시하는 것으로 나눌 수 있다. 학생들의 내면화를 지지하는 것은 설명의 근거 제시하기, 부정적 느낌도 인정하기, 자율성 지지적인 의사소통하기, 인내심 표현하기로 나눌 수 있다.

자기결정성이론을 제시한 디씨 교수와 동료들에 따르면, 자율성 지지적 환경은 교사, 학부모, 리더들이 ① 합리적 준거를 제공하고, ② 갈등을 인정하며, ③ 선택권을 주는 경우에 형성된다. 이를테면 학교 상황에서 교사들이 보다 자율성 지지적이면 학생들은 각자의 목표에 맞추어 자신에게 적절한 학습환경을 선택하고 만들어 나갈 수 있다. 교사가 직접적으로 학생에게 자율성의 경험을 줄 수 있는 것은 아니다. 다만 교사는 학생들이 스스로 내재적 동기 요인을 규명(identify)하고, 자신의 동기적 요인을 활용하여 과업에 자발적으로 집중할 수 있는 기회를 경험할 수 있도록 격려하고 지원할 뿐이다.

반면에 통제적인 환경은 앞의 합리적 준거, 갈등 인정, 선택권 중에서 둘 혹은 세 가지가 모두 부족한 경우이다(Reeve, 2009; Reeve, Deci, & Ryan, 2004). 통제적인 환경은 구성원들이 특정 방식으로 생각하고, 느끼고, 행동할 것을 강요하는 것이다. 자율적 환경과 통제적 환경은 하나의 축 위에서 서로 대립되는 지점에 서 있는 시소의 관계를 갖는다(Assor, Kaplan, & Roth, 2002; Reeve et al., 2004).

연구들에 따르면 자율성 지지적 환경은 통제적 환경보다 사람들의 긍정적 정서를 증가시켜 주고, 내재적 동기와 성취를 향상시킨다(Deci & Ryan, 1985, 2008; De Naeghel et al., 2012; Reeve, 2013). 자율성 지지적 환경에서 학습자들의 내재적 동기가 증가하며, 학습을 위하여 더욱 큰 노력을 기울이고(Reeve et al., 2002), 성취가 향상되고, 행복감이 증가된다(Cheon, Reeve, & Song, 2016; Grolnick & Ryan, 1987; Tessier, Sarrazin, & Ntoumanis, 2010; Vansteenkiste et al., 2007). 자율성 지지적 환경은 학습자의 관여(Guay, Boggiano, & Vallerand, 2001; Jang, 2008; Reeve et al., 2004)를 향상시킨다. 보다 구체적으로 살펴보면 자율성 지지적 환경은 학습자의 ① 행동적 관여

(Assor, Kaplan, & Roth, 2002), ② 정서적 관여(Skinner et al., 2008), ③ 인지적 관여(Vansteenkiste et al., 2005b), ④ 주도적 관여(agentic engagement; Reeve & Tseng, 2011)를 증가시켜 준다. 자율성 지지적 교사와 학습을 수행한 학생들은 정서적으로 보다 안전한 느낌을 갖고, 교사와의 관계의 질이 높았다(Reeve & Cheon, 2021; Gurland & Evangelista, 2015). 자율성 지지적 환경에서 2년간 마틴 부버(Martin Buber)의 나와 너 대화(I-Thou dialogue)를 수행한 420명의 7학년 학생들의 경우, 긍정적 정서가 증가하고 부정적 정서와 교실 내 폭력이 감소하였다(Reeve et al., 2010).

그렇다면 자율성 지지적 환경을 보다 구체적으로 어떻게 구축할 것인지를 살펴보면 다음과 같다. 다음은 존 마샬 리브와 장형심 교수가 자율성 지지적 환경이 구체적으로 어떠한 환경을 의미하는지 선행연구들을 기반으로 정리해 놓은 것(Reeve & Jang, 2006, p. 211)에 저자의 설명과 예시를 더한 것이다.

**첫째, 경청하기.** 구성원의 원하는 바가 무엇인지, 궁극적 목표가 무엇인지 잘 들어 주기

**둘째, 구성원이 원하는 바를 직접적으로 물어보기.** 보다 적극적으로 구성원의 요구를 조사하기

**셋째, 구성원이 말하는 시간 주기.** 구성원이 자신의 생각을 자유롭게 전개할 수 있는 기회 제공하기

**넷째, 과업 수행의 근거 제시하기.** 무작정 과업을 하도록 지시하는 것이 아니라, 해당 과업을 수행해야 하는 이유, 필요성을 설명해 주기

**다섯째, 정보를 담은 긍정적 피드백 제시하기.** 구성원의 수행에 대해서 향상 혹은 숙달에 대한 정보를 제시할 것. 예를 들어, "단어 외우기가 지난주보다 30% 이상 향상되었어요. 훌륭해요" "하루에 30분 이상 운동하기를 일주일 내내 잘 지켰어요. 아주 잘했어요" 등으로 무엇을 칭찬받는지 명확한 정보를 담아서 긍정적으로 피드백 하기

**여섯째, 격려하기.** 구성원들의 수행을 촉진하거나 계속 유지할 수 있도록 응원하기. "거의 다 왔어!" "할 수 있어!"

**일곱째, 힌트 주기.** 수행이 잘 전개되지 않고 막힐 때 상황을 돌파할 수 있는 간단한 제안 제시하기. "퍼즐을 책상 위에 두고 하는 것보다는 손에 들고 하면 어떨까?" "문제풀이가 혼동되면 노트에 차분히 적으면서 하면 어떨까?"

**여덟째, 구성원들의 질문에 즉각 반응하기.** 반응과 수용은 다른 것임. 모든 것을 수용할 필요는 없지만, 모든 것에 반응하는 것은 매우 바람직함. 학생이 질문을 할 때는 학생과 시선을 마주치며 열심히 들어 주고, 해당 질문에 대해서 코멘트 할 것. 다만 칭찬을 위한 칭찬이 아니라, 사실에 근거한 피드백이어야 함. "좋은 질문이에요. 동기의 적용에 대해서 꼭 알아야 할 부분을 질문했네요" "모두를 대신해서 중요한 질문을 해 주었어요. 많은 사람이 혼동하는 사항이라서 이 부분을 꼭 짚고 넘어가야 합니다."

**아홉째, 관점 수용하기 방식으로 의사소통하기.** 구성원의 입장에서 '공감'하고 의사소통하기. "맞아, 이 부분이 정말 어려워!" "잘 안 풀리는 수학 문제를 한 시간 넘게 풀다니… 정말 힘들겠구나."

반면에 통제적인 환경은 어떠한 환경인지 살펴보면 다음과 같다.

첫째, 교사, 학부모, CEO가 말하기. 구성원의 원하는 바를 듣기보다는 교사나 학부모가 직접적으로 지시하는 경우가 훨씬 더 많음

둘째, 과업 직접 처리하기. 구성원들이 해당 과업을 수행하는 것을 지켜보면서 지원하는 것이 아니라, 교사, 학부모, CEO가 직접 해당 과업을 수행하며 지시함

셋째, 문제해결책 제시하기. "이 문제는 이렇게 풀면 됩니다" 하면서 구성원 대신에 교사, 학부모, CEO가 정답을 제안함

넷째, 지시하기. 구성원들이 수행하는 것을 지켜보면서 지원하거나 힌트를 주는 것이 아니라, 직접적으로 명확하게 가르침. "그 부분을 뒤집어." "1, 3, 5번을 왼쪽에 두고, 2, 4, 6번은 집어내."

다섯째, "반드시 해야만 해" 문장 사용하기. 제안하는 것이 아니라 강압적으로 명령함. "너는 대학원에 진학해야 돼." "너는 의사가 되어야 해."

여섯째, 상대방을 통제하는 내용의 질문을 강압적인 톤으로 하기. "앞으로 나와서 이 도표를 설명하시오!" "지금 당장 운동장으로 나가서 운동장 10바퀴 달리기 실시!"

일곱째, 마감 시간 강조하기. 시간의 부족을 강압적으로 제시하기. "자, 이제 딱 10분 남았어요."

여덟째, 지시에 따르는 것을 칭찬하기. "내 말을 잘 들으니 훌륭하

다." "내가 가르쳐 준 대로 문제를 잘 푸는 것을 보니 똑똑하구나."

**아홉째, 비난하기.** 구성원의 행동에 대해서 부정적 코멘트를 하거나, 자신의 지시를 따르지 않았다고 공격함. "아니, 아니, 그렇게 하면 안 되지. 내 말 대로 했어야지."

자율성 지지적 환경은 선순환을 갖는다. 즉, 교사나 학부모 또는 리더가 자율성 지지적 환경을 제시하면 구성원들은 보다 더 자율적이 된다. 그리고 자율적인 구성원에게 교사나 학부모는 더욱 자율성이 허용적으로 된다. 반면에 교사나 학부모가 "학생에게 자율을 허용하면 공부는 하지 않고 놀기만 해요. 긴장이 풀어지지 않도록 잘 통제해야 해요"라고 생각하고 주장하는 경우, 실제로 통제가 풀어지면 함부로 행동하지 알아서 잘하지 않는다. 따라서 교사나 학부모는 점점 더 통제적으로 될 수밖에 없다. 교사나 학부모 또는 리더가 통제적으로 될수록 구성원들은 점점 더 눈치를 살피면서 빠져나갈 궁리만 한다. 악순환의 연속이다. 잠시 통제를 통하여 업무에 집중하도록 만들 수 있다고 해도 인간이 인간을 통제하는 것은 한계가 있다. 통제가 사라질 때 해당 행동도 사라진다. 이는 너무나 단기적이고 임시적이다. 그러므로 구조화된 자율성 지지적 환경을 제시하여 학생들, 구성원들이 보다 더 자율적으로 되어 궁극적으로 자신의 길을 헤쳐 나갈 수 있는 기회를 제공하는 것이 중요하다.

# 참고문헌


구재선, 이아롱, 서은국. (2009). 행복의 사회적 기능: 행복한 사람이 인기가 있나?. 한국심리학회지: 문화 및 사회문제, 15(1), 29-47.

김성일. (2011). 동기에 대한 신경교육학적 접근: 동기과정의 재개념화. 교육심리연구, 25(1), 87-110.

김아영. (1997). 학구적 실패에 대한 내성의 관련변인 연구. 교육심리연구, 11(2), 1-19.

김은주, 김민규. (2014). 대학신입생의 자율성과 유능성 및 대학생활 만족도 간의 시간에 따른 변화와 상호 연관성에 대한 잠재성장모형의 검증. 청소년학연구, 21(5), 29-56.

김은주, 도승이. (2009). 협동학습에서 학습자의 유능감 및 관계성 욕구와 내재동기 및 수업 참여의 관계분석. 교육심리연구, 23(1), 181-196.

김은주, 홍세희, 김주환. (2006). 자기결정성이 내재동기를 매개로 학업성취도 및 협동학습 선호도와 경쟁학습 선호도에 미치는 영향. 교육학연구, 44(4), 271-300.

김은주. (2020). 교수학습방법 연구와 적용의 새로운 패러다임. 학지사.

김주환. (2013). 그릿. Sam & Parkers.

김주환. (2023). 내면 소통. 인플루엔셜.

서은국. (2014). 행복의 기원. 21세기 북스.

Achat, H., Kawachi, I., Spiro, A., DeMolles, D. A., & Sparrow, D. (2000). Optimism and depression as predictors of physical and mental health functioning: The normative aging study. *Annals of Behavioral Medicine*, *22*(2), 127-130.

Adcock, R. A., Thangavel, A., Whitfield-Gabrieli, S., Knutson, B., & Gabrieli, J.

D. (2006). Reward-motivated learning: Mesolimbic activation precedes memory formation. *Neuron*, *50*(3), 507-517.

Amabile, T. M. (1983). The social psychology of creativity: A componential conceptualization. *Journal of Personality and Social Psychology*, *45*(2), 357.

Amabile, T. M. (1997). Motivating creativity in organizations: On doing what you love and loving what you do. *California Management Review*, *40*(1), 39-58.

Amabile, T. M. (1998). *How to kill creativity* (Vol. 87). Harvard Business School Publishing.

Amabile, T. M., DeJong, W., & Lepper, M. R. (1976). Effects of externally-imposed deadlines on subsequent intrinsic motivation. *Journal of Personality and Social Psychology*, *34*(1), 92.

Amorose, A. J., & Anderson-Butcher, D. (2007). Autonomy-supportive coaching and self-determined motivation in high school and college athletes: A test of self-determination theory. *Psychology of Sport and Exercise*, 8(5), 654-670.

Ariely, D., Gneezy, U., Loewenstein, G., & Mazar, N. (2009). Large stakes and big mistakes. *The Review of Economic Studies*, *76*(2), 451-469.

Armor, D. A., & Taylor, S. E. (2002). When predictions fail: The dilemma of unrealistic optimism. In T. Gilovich, D. Griffin, & D. Kahneman (Eds.), *Heuristics and biases: The psychology of intuitive judgment* (pp. 334-347). Cambridge University Press.

Ashby, F.G., Isen, A.M., & Turken, A.U. (1999). A neuropsychological theory of positive affect and its influence on cognition. *Psychological Review*, *106*, 529-550.

Assor, A., Kaplan, H., & Roth, G. (2002). Choice is good, but relevance is excellent: Autonomy-enhancing and suppressing teacher behaviours predicting students' engagement in schoolwork. *British Journal of Educational Psychology*, *72*(2), 261-278.

Assor, A., Kaplan, H., Kanat-Maymon, Y., & Roth, G. (2005). Directly controlling teacher behaviors as predictors of poor motivation and engagement in girls and boys: The role of anger and anxiety. *Learning and Instruction*, *15*(5), 397-413.

Bandura, A. (1977). Self-efficacy: Toward a unifying theory of behavioral change. *Psychological Review*, *84*, 191-215.

Bandura, A. (1986). *Social foundations of thought and action: A social cognitive theory*. Prentice-Hall.

Bandura, A. (1986). The explanatory and predictive scope of self-efficacy theory. *Journal of Social and Clinical Psychology*, *4*(3), 359-373.

Bandura, A. (1988). Self-regulation of motivation and action through goal systems. *In Cognitive perspectives on emotion and motivation* (pp. 37-61). Springer Netherlands.

Bandura, A. (1993). Perceived self-efficacy in cognitive development and functioning. *Educational Psychologist*, *28*(2), 117-148.

Bandura, A. (1997). *Self-efficacy: The exercise of control*. Freeman

Bandura, A., Barbaranelli, C., Caprara, G. V., & Pastorelli, C. (1996). Multifaceted impact of self-efficacy beliefs on academic functioning. *Child Development, 67*(3), 1206-1222.

Bandura, A., & Schunk, D. H. (1981). Cultivating competence, self-efficacy, and intrinsic interest through proximal self-motivation. *Journal of Personality and Social Psychology, 41*(3), 586.

Bandura, M., & Dweck, C. S. (1985). *The relationship of conceptions of intelligence and achievement goals to achievement-related cognition, affect and behavior*. Unpublished manuscript, Harvard University.

Barbey, A. K., Koenigs, M., & Grafman, J. (2013). Dorsolateral prefrontal contributions to human working memory. *Cortex*, *49*(5), 1195-1205.

Barrett, L. F., Quigley, K. S., & Hamilton, P. (2016). An active inference theory of allostasis and interoception in depression. *Philosophical Transactions of the Royal Society B: Biological Sciences*, *371*(1708), 20160011.

Bartholomew, K. J., Ntoumanis, N., Ryan, R. M., Bosch, J. A., & Thøgersen-Ntoumani, C. (2011). Self-determination theory and diminished functioning: The role of interpersonal control and psychological need thwarting. *Personality and Social Psychology bulletin*, *37*(11), 1459-1473.

Batson, C. D., Coke, J. S., Chard, F., Smith, D., & Taliaferro, A. (1979). Generality of the "glow of goodwill": Effects of mood on helping and information acquisition. *Social Psychology Quarterly, 42*(2), 176-179.

Baumeister, R. F., & Leary, M. R. (1995). The need to belong: Desire for interpersonal attachments as a fundamental human motivation. *Psychological Bulletin*, *117*(3), 497-529.

Baumeister, R. F., Bratslavsky, E., Finkenauer, C., & Vohs, K. D. (2001). Bad is stronger than good. *Review of General Psychology*, *5*(4), 323-370.

Berridge, K. C., & Robinson, T. E. (1998). What is the role of dopamine in reward: Hedonic impact, reward learning, or incentive salience? *Brain Research Reviews*, *28*(3), 309-369.

Berridge, K. C., & Robinson, T. E. (2003). Parsing reward. *Trends in Neurosciences*, *26*(9), 507-513.

Berridge, K. C., & Robinson, T. E. (2016). Liking, wanting, and the incentive-sensitization theory of addiction. *American Psychologist*, *71*(8), 670.

Bindman, S. W., Pomerantz, E. M., & Roisman, G. I. (2015). Do children's executive functions account for associations between early autonomy-supportive parenting and achievement through high school?. *Journal of Educational Psychology*, *107*(3), 756.

Black, A. E., & Deci, E. L. (2000). The effects of instructors' autonomy support and students' autonomous motivation on learning organic chemistry: A self-determination theory perspective. *Science Education*, *84*(6), 740-756.

Blanton, H., Buunk, B. P., Gibbons, F. X., & Kuyper, H. (1999). When better-than-others compare upward: Choice of comparison and comparative evaluation as independent predictors of academic performance. *Journal of Personality and Social Psychology*, *76*(3), 420.

Boecker, H., Sprenger, T., Spilker, M. E., Henriksen, G., Koppenhoefer, M., Wagner, K. J., ... & Tolle, T. R. (2008). The runner's high: Opioidergic mechanisms in the human brain. *Cerebral Cortex*, *18*(11), 2523-2531.

Bong, M. (2001). Role of self-efficacy and task-value in predicting college students' course performance and future enrollment intentions. *Contemporary Educational Psychology*, *26*(4), 553-570.

Bong, M., & Clark, R. E. (1999). Comparison between self-concept and self-efficacy in academic motivation research. *Educational Psychologist*, 34(3), 139-153.

Bong, M., & Skaalvik, E. M. (2003). Academic self-concept and self-efficacy: How different are they really?. *Educational Psychology Review*, *15*, 1-40.

Botvinick, M. M., Cohen, J. D., & Carter, C. S. (2004). Conflict monitoring and anterior cingulate cortex: An update. *Trends in Cognitive Sciences*, *8*(12), 539-546.

Bowers, C. (2015). *Novak Djokovic and the rise of Serbia: The sporting statesman*. John Blake Publishing.

Brown, R. E., & Milner, P. M. (2003). The legacy of Donald O. Hebb: More than the Hebb synapse. *Nature Reviews Neuroscience*, *4*(12), 1013-1019.

Bryant, F. B. (1989). A four-factor model of perceived control: Avoiding, coping, obtaining, and savoring. *Journal of Personality*, *57*(4), 773-797.

Burger, J. M., & Caldwell, D. F. (2000). Personality, social activities, job-search behavior and interview success: Distinguishing between PANAS trait positive affect and NEO extraversion. *Motivation and Emotion*, *24*, 51-62.

Camerer, C. F., & Hogarth, R. M. (1999). The effects of financial incentives in experiments: A review and capital-labor-production framework. *Journal of Risk and Uncertainty*, *19*, 7-42.

Cameron, J., & Pierce, W. D. (1994). Reinforcement, reward, and intrinsic motivation: A meta-analysis. *Review of Educational Research*, *64*(3), 363-423.

Carnevale, P. J., & Isen, A. M. (1986). The influence of positive affect and visual access on the discovery of integrative solutions in bilateral negotiation. *Organizational Behavior and Human Decision Processes*, *37*(1), 1-13.

Carpentier, J., & Mageau, G. A. (2016). Predicting sport experience during training: The role of change-oriented feedback in athletes' motivation, self-confidence and needs satisfaction fluctuations. *Journal of Sport and Exercise Psychology*, *38*(1), 45-58.

Chanal, J. P., Marsh, H. W., Sarrazin, P. G., & Bois, J. E. (2005). Big-fish-little-pond effects on gymnastics self-concept: Social comparison processes in a physical setting. *Journal of Sport and Exercise Psychology*, *27*(1), 53-70.

Chen, F., Ke, J., Qi, R., Xu, Q., Zhong, Y., Liu, T., Li, J., Zhang, L., & Lu, G. (2018). Increased Inhibition of the Amygdala by the mPFC may Reflect a Resilience Factor in Post-traumatic Stress Disorder: A Resting-State fMRI Granger Causality Analysis. *Frontiers in Psychiatry, 9*, 516.

Cheon, S. H., Reeve, J., & Song, Y. G. (2016). A teacher-focused intervention to decrease PE students' amotivation by increasing need satisfaction and decreasing need frustration. *Journal of Sport and Exercise Psychology*, *38*(3), 217-235.

Chib, V. S., De Martino, B., Shimojo, S., & O'Doherty, J. P. (2012). Neural mechanisms underlying paradoxical performance for monetary incentives are driven by loss aversion. *Neuron*, *74*(3), 582-594.

Chida, Y., & Steptoe, A. (2008). Positive psychological well-being and mortality: A quantitative review of prospective observational studies. *Psychosomatic Medicine*, *70*(7), 741-756.

Chiew, K. S., & Braver, T. S. (2014). Dissociable influences of reward motivation and positive emotion on cognitive control. *Cognitive, Affective, & Behavioral Neuroscience*, *14,* 509-529.

Chiew, K. S., Stanek, J. K., & Adcock, R. A. (2016). Reward anticipation dynamics during cognitive control and episodic encoding: Implications for dopamine. *Frontiers in Human Neuroscience*, *10*, 555.

Collins, J. F., Hanson, K., Mulhern, M., & Padberg, R. M. (1992). Sense of coherence over time in cancer patients: A preliminary report. *Medical Psychotherapy: An International Journal.*

Cooney, R. E., Joormann, J., Eugène, F., Dennis, E. L., & Gotlib, I. H. (2010). Neural correlates of rumination in depression. *Cognitive, Affective, & Behavioral Neuroscience*, *10*(4), 470-478.

Covington, M. V. (1992). *Making the grade: A self-worth perspective on motivation and school reform*. Cambridge University Press.

Covington, M. V. (1999). Caring about learning: The nature and nurturing of subject-matter appreciation. *Educational Psychologist*, *34*(2), 127-136.

Csikszentmihalyi, M. (1975). *Beyond boredom and anxiety: The experience of play in work and games*. Jossey-Bass.

Csikszentmihalyi, M. (1985). Reflections on enjoyment. *Perspectives in Biology and Medicine*, *28*(4), 489-497.

Csikszentmihalyi, M. (1990). *The domain of creativity*. In M. A. Runco & R. S. Albert (Eds.), *Theories of creativity* (pp. 190-212). Sage Publications, Inc.

Csikszentmihalyi, M. (1999). *16 implications of a systems perspective for the study of creativity*. *Handbook of creativity, 313*.

Csikszentmihalyi, M., & Figurski, T. J. (1982). Self-awareness and aversive experience in everyday life. *Journal of Personality*, *50*(1), 15-19.

Csikszentmihalyi, M., & Rathunde, K. (1998). *The development of the person: An experiential perspective on the ontogenesis of psychological complexity*. In W. Damon & R. M. Lerner (Eds.), *Handbook of child psychology theoretical models of human development* (pp. 635-684). John Wiley & Sons Inc.

Dayan, P., & Balleine, B. W. (2002). Reward, motivation, and reinforcement learning. *Neuron, 36*(2), 285-298.

De Naeghel, J., Van Keer, H., Vansteenkiste, M., & Rosseel, Y. (2012). The relation between elementary students' recreational and academic reading motivation, reading frequency, engagement, and comprehension: A self-determination theory perspective. *Journal of Educational Psychology, 104*(4), 1006.

De Pisapia, N., Barchiesi, G., Jovicich, J., & Cattaneo, L. (2019). The role of medial prefrontal cortex in processing emotional self-referential information: A combined TMS/fMRI study. *Brain Imaging and Behavior, 13*, 603-614.

DeCharms, C. R. (1968). *Personal Causation: The internal affective determinants of behavior*. Academic Press.

Deci, E. L. (1971). Effects of externally mediated rewards on intrinsic motivation. *Journal of personality and Social Psychology, 18*(1), 105.

Deci, E. L. (1980). *The psychology of self-determination*, Lexington Books.

Deci, E. L., & Ryan, R. M. (1980). *The empirical exploration of intrinsic motivational processes*. In L. Berkowitz (Ed.), *Advances in experimental social psychology* (Vol. 13, pp. 39-80). Academic Press.

Deci, E. L., & Ryan, R. M. (1985). The general causality orientations scale: Self-determination in personality. *Journal of Research in Personality, 19*(2), 109-134.

Deci, E. L., & Ryan, R. M. (1987). The support of autonomy and the control of behavior. *Journal of Personality and Social Psychology, 53*(6), 1024.

Deci, E. L., & Ryan, R. M. (2000). The "what" and "why" of goal pursuits: Human needs and the self-determination of behavior. *Psychological Inquiry, 11*(4), 227-268.

Deci, E. L., & Ryan, R. M. (2008). Self-determination theory: A macrotheory of human motivation, development, and health. *Canadian Psychology/ Psychologie Canadienne, 49*(3), 182.

Deci, E. L., & Ryan, R. M. (2010). *Self-determination*. The Corsini Encyclopedia of Psychology, 1-2. John Wiley & Sons, Inc.

Deci, E. L., Koestner, R., & Ryan, R. M. (1999). A meta-analytic review of experiments examining the effects of extrinsic rewards on intrinsic motivation. *Psychological Bulletin, 125*(6), 627.

DeSilva, J. M., Traniello, J. F., Claxton, A. G., & Fannin, L. D. (2021). When and why did human brains decrease in size? A new change-point analysis and insights from brain evolution in ants. *Frontiers in Ecology and Evolution*, 712.

Dickinson, A., & Balleine, B. (2002). The role of learning in the operation of motivational systems. In H. Pashler & R. Gallistel (Eds.), *Steven's handbook of experimental psychology: Learning, motivation, and emotion* (pp. 497-533). John Wiley & Sons, Inc.

Dickson, J. M., & Moberly, N. J. (2013). Reduced specificity of personal goals and explanations for goal attainment in major depression. *PloS One, 8*(5), e64512.

Diederen, K. M., Spencer, T., Vestergaard, M. D., Fletcher, P. C., & Schultz, W. (2016). Adaptive prediction error coding in the human midbrain and striatum facilitates behavioral adaptation and learning efficiency. *Neuron*, *90*(5), 1127-1138.

Diederen, K. M., Ziauddeen, H., Vestergaard, M. D., Spencer, T., Schultz, W., & Fletcher, P. C. (2017). Dopamine modulates adaptive prediction error coding in the human midbrain and striatum. *Journal of Neuroscience*, *37*(7), 1708-1720.

Diener, E. (2000). Subjective well-being: The science of happiness and a proposal for a national index. *American Psychologist*, *55*(1), 34.

Diener, E., & Seligman, M. E. (2002). Very happy people. *Psychological Science*, *13*(1), 81-84.

Diener, E., Sandvik, E., Pavot, W., & Gallagher, D. (1991). Response artifacts in the measurement of subjective well-being. *Social Indicators Research*, *24*, 35-56.

Doidge, N. (2007). *The brain that changes itself: Stories of personal triumph from the frontiers of brain science*. Penguin.

Dovidio, J. F., Gaertner, S. L., Isen, A. M., & Lowrance, R. (1995). Group representations and intergroup bias: Positive affect, similarity, and group size. *Personality and Social Psychology Bulletin*, *21*(8), 856-865.

Dowrick, P. (1983). Self-modeling. In P. W. Dowrick & S. J. Biggs (Eds.), *Using video: Psychological and social applications* (pp. 105-124). Wiley.

Duckworth, A. L., & Seligman, M. E. (2005). Self-discipline outdoes IQ in predicting academic performance of adolescents. *Psychological Science*, *16*(12), 939-944.

Duckworth, A. L., Peterson, C., Matthews, M. D., & Kelly, D. R. (2007). Grit: Perseverance and passion for long-term goals. *Journal of personality and Social Psychology*, *92*(6), 1087.

Durkheim, E. (1897). *Le suicide*. Alcan.

Durkheim, E. (1951). *Suicide*. Free Press.

Dweck, C. S. (1986). Motivational processes affecting learning. *American Psychologist*, *41*(10), 1040.

Dweck, C. S. (2000). *Self-theories: Their role in motivation, personality, and development*. Psychology press.

Dweck, C. S., & Leggett, E. L. (1988). A social-cognitive approach to motivation and personality. *Psychological Review*, *95*(2), 256.

Earley, P. C., Wojnaroski, P., & Prest, W. (1987). Task planning and energy expended: Exploration of how goals influence performance. *Journal of Applied Psychology, 72*(1), 107.

Eccles, J. S., Wigfield, A., & Schiefele, U. (1998). *Motivation to succeed*. In W. Damon & N. Eisenberg (Eds.), *Handbook of child psychology: Social emotional, and personality development* (pp. 1017-1095). Wiley.

Eisenberger, R., & Cameron, J. (1996). Detrimental effects of reward: Reality or myth? *American Psychologist*, *51*(11), 1153.

Elliot, A. J., & Thrash, T. M. (2002). Approach-avoidance motivation in personality: Approach and avoidance temperaments and goals. *Journal of Personality and Social Psychology*, 82(5), 804.

Elmore, S. (2007). Apoptosis: A review of programmed cell death. *Toxicologic Pathology*, *35*(4), 495-516.

Emmons, R. A. (2007). *Thanks!: How the new science of gratitude can make you happier*. Houghton Mifflin Harcourt.

Emmons, R. A., & McCullough, M. E. (Eds.). (2004). *The psychology of gratitude*. Oxford University Press.

Estrada, C. A., Isen, A. M., & Young, M. J. (1994). Positive affect improves creative problem solving and influences reported source of practice satisfaction in physicians. *Motivation and Emotion*, *18*, 285-299.

Estrada, C. A., Isen, A. M., & Young, M. J. (1997). Positive affect facilitates integration of information and decreases anchoring in reasoning among physicians. *Organizational Behavior and Human Decision Processes*, *72*(1), 117-135.

Festinger, L. (1954). A theory of social comparison processes. *Human Relations*, 7(2), 117-140.

Fortier, M. S., Vallerand, R. J., & Guay, F. (1995). Academic motivation and school performance: Toward a structural model. *Contemporary Educational Psychology*, *20*(3), 257-274.

Franklin, M. S., Mrazek, M. D., Broadway, J. M., & Schooler, J. W. (2013). Disentangling decoupling: Comment on smallwood. *Psychological Bulletin, 139*(3), 536-541.

Fredrickson, B. (2009). Crown Publishers/Random House.

Fredrickson, B. L. (1998). What good are positive emotions? *Review of General Psychology*, *2*(3), 300-319.

Fredrickson, B. L. (2001). The role of positive emotions in positive psychology: The broaden-and-build theory of positive emotions. *American Psychologist*, *56*(3), 218.

Fredrickson, B. L. (2013). *Positive emotions broaden and build*. In P. Devine, & A. Plant (Eds.), *Advances in experimental social psychology* (Vol. 47, pp. 1-53). Academic Press.

Fredrickson, B. L., & Branigan, C. (2005). Positive emotions broaden the scope of attention and thought-action repertoires. *Cognition & Emotion*, *19*(3), 313-332.

Fredrickson, B. L., & Joiner, T. (2002). Positive emotions trigger upward spirals toward emotional well-being. *Psychological Science*, *13*(2), 172-175.

Fredrickson, B. L., & Losada, M. F. (2005). Positive affect and the complex dynamics of human flourishing. *American Psychologist*, *60*(7), 678.

Friston, K. (2009). The free-energy principle: A rough guide to the brain? *Trends in Cognitive Sciences*, *13*(7), 293-301.

Friston, K. J., Daunizeau, J., & Kiebel, S. J. (2009). Reinforcement learning or active inference? *PLoS One*, *4*(7), e6421.

Friston, K. J., Parr, T., & de Vries, B. (2017). The graphical brain: Belief propagation and active inference. *Network Neuroscience*, *1*(4), 381-414.

Furman, W., & Buhrmester, D. (1985). Children's perceptions of the personal relationships in their social networks. *Developmental Psychology, 21*(6), 1016.

Furrer, C., & Skinner, E. (2003). Sense of relatedness as a factor in children's academic engagement and performance. *Journal of Educational*

*Psychology*, *95*(1), 148.

Fuss, J., & Gass, P. (2010). Endocannabinoids and voluntary activity in mice: Runner's high and long-term consequences in emotional behaviors. *Experimental Neurology*, *224*(1), 103-105.

García, T., & Pintrich, P. R. (1991). Student motivation and self-regulated learning. *Higher Education*, *17*, 55-128.

Gershman, S. J., & Uchida, N. (2019). Believing in dopamine. *Nature Reviews Neuroscience*, *20*(11), 703-714.

Gil, K. M., Carson, J. W., Porter, L. S., Scipio, C., Bediako, S. M., & Orringer, E. (2004). Daily mood and stress predict pain, health care use, and work activity in African American adults with sickle-cell disease. *Health Psychology*, *23*(3), 267.

Gordon, A. M., Impett, E. A., Kogan, A., Oveis, C., & Keltner, D. (2012). To have and to hold: Gratitude promotes relationship maintenance in intimate bonds. *Journal of Personality and Social Psychology*, *103*(2), 257.

Gottfried, A. E. (1985). Academic intrinsic motivation in elementary and junior high school students. *Journal of Educational Psychology*, *77*(6), 631.

Gottfried, A. E. (1990). Academic intrinsic motivation in young elementary school children. *Journal of Educational Psychology*, *82*(3), 525.

Gottman, J. M. (1994). *What predicts divorce: The relationship between marital processes and marital outcomes*. Erlbaum.

Graham, S., & Golan, S. (1991). Motivational influences on cognition: Task involvement, ego involvement, and depth of information processing. *Journal of Educational Psychology*, *83*(2), 187.

Gray, J. R., Braver, T. S., & Raichle, M. E. (2002). Integration of emotion and cognition in the lateral prefrontal cortex. *Proceedings of the National Academy of Sciences*, *99*(6), 4115-4120.

Greene, D., & Lepper, M. R. (1974). Effects of extrinsic rewards on children's subsequent intrinsic interest. *Child Development*, *45*(4), 1141-1145.

Grolnick, W. S., & Ryan, R. M. (1987). Autonomy in children's learning: An experimental and individual difference investigation. *Journal of Personality and Social Psychology*, *52*(5), 890.

Guay, F., Boggiano, A. K., & Vallerand, R. J. (2001). Autonomy support, intrinsic motivation, and perceived competence: Conceptual and empirical linkages. *Personality and Social Psychology Bulletin*, *27*(6), 643-650.

Guay, F., Marsh, H. W., & Boivin, M. (2003). Academic self-concept and academic achievement: Developmental perspectives on their causal ordering. *Journal of Educational Psychology, 95*(1), 124.

Guay, F., Ratelle, C. F., Roy, A., & Litalien, D. (2010). Academic self-concept, autonomous academic motivation, and academic achievement: Mediating and additive effects. *Learning and Individual Differences*, *20*(6), 644-653.

Gurland, S. T., & Evangelista, J. E. (2015). Teacher-student relationship quality as a function of children's expectancies. *Journal of Social and Personal Relationships*, *32*(7), 879-904.

Hackett, G., & Betz, N. E. (1984). *Gender differences in the effects of relevant and irrelevant task failure on mathematics self-efficacy expectations.* Meeting of the American Educational Research Association, New Orleans, LA.

Haerens, L., Aelterman, N., Vansteenkiste, M., Soenens, B., & Van Petegem, S. (2015). Do perceived autonomy-supportive and controlling teaching relate to physical education students' motivational experiences through unique pathways? Distinguishing between the bright and dark side of motivation. *Psychology of Sport and Exercise*, *16*, 26-36.

Hardre, P. L., & Reeve, J. (2003). A motivational model of rural students' intentions to persist in, versus drop out of, high school. *Journal of Educational Psychology*, *95*(2), 347.

Harter, S. (1988). *Manual for the self-perception profile for adolescents.* University of Denver.

Harter, S. (1990). Developmental differences in the nature of self-representations: Implications for the understanding, assessment, and treatment of maladaptive behavior. *Cognitive Therapy and Research*, *14*, 113-142.

Harter, S., & Mayberry, W. (1984). *Self-worth as a function of the discrepancy between one's aspirations and one's perceived competence: William James revisited*. University of Denver.

Hartley, E. T., Bray, M. A., & Kehle, T. J. (1998). Self-modeling as an intervention to increase student classroom participation. *Psychology in the Schools, 35*(4), 363-372.

Hebb, D. O. (1949). The first stage of perception: Growth of the assembly. *The Organization of Behavior*, *4*(60), 78-60.

Heimer, L. (1995). *The human brain and spinal cord: Functional neuronanatomy and dissection guide* (2nd ed.). Springer-Verlag Publishing.

Hektner, J. M., & Csikszentmihalyi, M. (1996). A longitudinal exploration of flow and intrinsic motivation in adolescents. *The Annual Meeting of the American Educational Research Association.*

Hensch, T. K., & Bilimoria, P. M. (2012, July). Re-opening windows: Manipulating critical periods for brain development. *In Cerebrum: the Dana forum on brain science* (Vol. 2012). Dana Foundation.

Hicks, J. A., & King, L. A. (2009). Positive mood and social relatedness as information about meaning in life. *The Journal of Positive Psychology*, *4*(6), 471-482.

Hilgard, E. R., Atkinson, R. C., Allen, R., & Belanger, D. (1979). *Introduction à la psychologie.* Etudes Vivant.

Hilgard E. R. Atkinson R. C., & Atkinson R. L. (1979). *Introduction to psychology* (7th ed.). Harcourt Brace Jovanovich.

Hirt, E. R., Melton, R. J., McDonald, H. E., & Harackiewicz, J. M. (1996). Processing goals, task interest, and the mood-performance relationship: A mediational analysis. *Journal of Personality and Social Psychology, 71*(2), 245.

Hofer, J., & Busch, H. (2011). Satisfying one's needs for competence and relatedness: Consequent domain-specific well-being depends on strength of implicit motives. *Personality and Social Psychology Bulletin*, *37*(9), 1147-1158.

Hom, H. L., Berger, M., Duncan, M. K., Miller, A., & Blevin, A. (1994). The effects of cooperative and individualistic reward on intrinsic motivation. *The Journal of Genetic Psychology, 155*(1), 87-97.

Hong, D. D., Huang, W. Q., Ji, A. A., Yang, S. S., Xu, H., Sun, K. Y., Cao, A., Gao, W. J., Zhou, N., & Yu, P. (2019). Neurons in rat orbitofrontal cortex and medial prefrontal cortex exhibit distinct responses in reward and strategy-update in a risk-based decision-making task. *Metabolic Brain Disease, 34*(2), 417-429.

Horner, A. J., Gadian, D. G., Fuentemilla, L., Jentschke, S., Vargha-Khadem, F., & Duzel, E. (2012). A rapid, hippocampus-dependent, item-memory signal that initiates context memory in humans. *Current Biology: CB, 22*(24), 2369-2374.

Huebner, E. S., & Gilman, R. (2006). Students who like and dislike school. *Applied Research in Quality of Life*, *1*, 139-150.

Huguet, P., Dumas, F., Monteil, J. M., & Genestoux, N. (2001). Social comparison choices in the classroom: Further evidence for students' upward comparison tendency and its beneficial impact on performance. *European Journal of Social Psychology*, *31*(5), 557-578.

Isen, A. M. (1970). Success, failure, attention, and reaction to others: The warm glow of success. *Journal of Personality and Social Psychology*, *15*(4), 294.

Isen, A. M., & Baron, R. A. (1991). Positive affect as a factor in organizational behavior. In L. L. Cummings & B. M. Staw (Eds.), *Research in organizational behavior* (Vol. 13, pp. 1-53). Greenwich, CT JAI.

Isen, A. M., & Daubman, K. A. (1984). The influence of affect on categorization. *Journal of Personality and Social Psychology*, *47*(6), 1206.

Isen, A. M., & Gorgoglione, J. M. (1983). Some specific effects of four affect-induction procedures. *Personality and Social Psychology Bulletin*, *9*(1), 136-143.

Isen, A. M., & Levin, P. F. (1972). Effect of feeling good on helping: Cookies and kindness. *Journal of Personality and Social Psychology*, *21*(3), 384.

Isen, A. M., & Patrick, R. (1983). The effect of positive feelings on risk taking: When the chips are down. *Organizational Behavior and Human Performance*, *31*(2), 194-202.

Isen, A. M., & Reeve, J. (2005). The influence of positive affect on intrinsic and extrinsic motivation: Facilitating enjoyment of play, responsible work behavior, and self-control. *Motivation and Emotion*, *29*, 295-323.

Isen, A. M., Daubman, K. A., & Nowicki, G. P. (1987). Positive affect facilitates creative problem solving. *Journal of Personality and Social Psychology*, *52*(6), 1122.

Isen, A. M., Johnson, M., Mertz, E., & Robinson, G. F. (1985). The influence of positive affect on the unusualness of word associations. *Journal of Personality and Social Psychology*, *48*(6), 1413.

Isen, A. M., Niedenthal, P. M., & Cantor, N. (1992). An influence of positive affect on social categorization. *Motivation and Emotion*, *16*(1), 65-78.

Isen, A. M., Shalker, T. E., Clark, M., & Karp, L. (1978). Affect, accessibility of material in memory, and behavior: A cognitive loop? *Journal of Personality and Social Psychology*, *36*(1), 1.

Jang, H. (2008). Supporting students' motivation, engagement, and learning during an uninteresting activity. *Journal of Educational Psychology*, *100*(4), 798.

Jang, H., Kim, E. J., & Reeve, J. (2012). Longitudinal test of self-determination theory's motivation mediation model in a naturally occurring classroom context. *Journal of Educational psychology*, *104*(4), 1175.

Jang, H., Reeve, J., Ryan, R. M., & Kim, A. (2009). Can self-determination theory explain what underlies the productive, satisfying learning experiences of collectivistically oriented Korean students? *Journal of Educational Psychology*, *101*(3), 644.

Jensen, R. (2000). Agricultural volatility and investments in children. *American Economic Review*, *90*(2), 399-404.

Jung, W. H., Lee, S., Lerman, C., & Kable, J. W. (2018). Amygdala functional and structural connectivity predicts individual risk tolerance. *Neuron*, *98*(2), 394-404.

Kagan, S. L., Moore, E. K., & Bredekamp, S. (1995). *Reconsidering children's early development and learning: Toward common views and vocabulary*. National Education Goals Panel.

Kahneman, D. (1973). *Attention and effort* (Vol. 1063, pp. 218-226). Prentice-Hall.

Kakade, S., & Dayan, P. (2002). Dopamine: Generalization and bonuses. *Neural Networks*, *15*(4-6), 549-559.

Kasser, V. G., & Ryan, R. M. (1999). The relation of psychological needs for autonomy and relatedness to vitality, well-being, and mortality in a nursing home 1. *Journal of Applied Social Psychology*, *29*(5), 935-954.

Keysers, C., & Gazzola, V. (2014). Dissociating the ability and propensity for empathy. *Trends in Cognitive Sciences*, *18*(4), 163-166.

Killingsworth, M. A., & Gilbert, D. T. (2010). A wandering mind is an unhappy mind. *Science*, *330*(6006), 932.

Kim, E. J., Kyeong, S., Cho, S. W., Chun, J. W., Park, H. J., Kim, J., ... & Kim, J. J. (2016). Happier people show greater neural connectivity during negative self-referential processing. *PLoS One*, *11*(2), e0149554.

King, R. B., McInerney, D. M., Ganotice Jr, F. A., & Villarosa, J. B. (2015). Positive affect catalyzes academic engagement: Cross-sectional, longitudinal, and experimental evidence. *Learning and Individual*

*Differences*, *39*, 64–72.

Klein, H. J., Whitener, E. M., & Ilgen, D. R. (1990). The role of goal specificity in the goal-setting process. *Motivation and Emotion*, *14*(3), 179–193.

Koestner, R., & McClelland, D. C. (1990). Perspectives on competence motivation. In L. A. Pervin (Ed.), *Handbook of personality: Theory and research* (pp. 527–548). The Guilford Press.

Koestner, R., Ryan, R. M., Bernieri, F., & Holt, K. (1984). Setting limits on children's behavior: The differential effects of controlling vs. informational styles on intrinsic motivation and creativity. *Journal of Personality*, *52*(3), 233–248.

Kohn, A. (1993). *Punished by rewards: The trouble with gold stars, incentive plans, A's, praise, and other bribes*. Houghton Mifflin Harcourt.

Korb, E., Herre, M., Zucker-Scharff, I., Darnell, R. B., & Allis, C. D. (2015). BET protein Brd4 activates transcription in neurons and BET inhibitor Jq1 blocks memory in mice. *Nature Neuroscience*, *18*(10), 1464–1473.

Korb, O., Stutzle, T., & Exner, T. E. (2009). Empirical scoring functions for advanced protein-ligand docking with PLANTS. *Journal of Chemical Information and Modeling*, *49*(1), 84–96.

Kraiger, K., Billings, R. S., & Isen, A. M. (1989). The influence of positive affective states on task perceptions and satisfaction. *Organizational Behavior and Human Decision Processes*, *44*(1), 12–25.

Kringelbach, M. L., O'Doherty, J., Rolls, E. T., & Andrews, C. (2003). Activation of the human orbitofrontal cortex to a liquid food stimulus is correlated with its subjective pleasantness. *Cerebral Cortex*, *13*(10), 1064–1071.

Larson, R., & Csikszentmihalyi, M. (1978). Experiential correlates of time alone in adolescence 1. *Journal of Personality*, *46*(4), 677–693.

Latham, G. P., & Baldes, J. J. (1975). The "practical significance" of Locke's theory of goal setting. *Journal of Applied Psychology*, *60*(1), 122.

Lazear, E. P. (2000). Performance pay and productivity. *American Economic Review*, *90*(5), 1346–1361.

LeDoux, J. (1996). Emotional networks and motor control: A fearful view. *Progress in Brain Research*, *107*, 437–446.

Leon, M. I., & Shadlen, M. N. (1999). Effect of expected reward magnitude on the response of neurons in the dorsolateral prefrontal cortex of the macaque. *Neuron*, *24*(2), 415–425.

Lepper, M. R. (1973). Dissonance, self-perception, and honesty in children. *Journal of Personality and Social Psychology*, *25*(1), 65.

Lepper, M. R., & Greene, D. (1975). Turning play into work: Effects of adult surveillance and extrinsic rewards on children's intrinsic motivation. *Journal of Personality and Social Psychology*, *31*(3), 479.

Lepper, M. R., & Greene, D. (2015). *The hidden costs of reward: New perspectives on the psychology of human motivation*. Psychology Press.

Lepper, M. R., & Hodell, M. (1989). Intrinsic motivation in the classroom. *Research on Motivation in Education*, *3*, 73-105.

Lepper, M. R., Corpus, J. H., & Iyengar, S. S. (2005). Intrinsic and extrinsic motivational orientations in the classroom: Age differences and academic correlates. *Journal of Educational Psychology*, *97*(2), 184.

Lepper, M. R., & Greene, D. (Eds.). (1978). *The Hidden costs of reward: New perspectives on the psychology of human motivation*. Psychology Press.

Lepper, M. R., Greene, D., & Nisbett, R. E. (1973). Undermining children' s intrinsic interest with extrinsic reward: A test of the "overjustification" hypothesis. *Journal of Personality and Social Psychology*, *28*(1), 129.

Lepper, M. R., Sethi, S., Dialdin, D., & Drake, M. (1997). Intrinsic and extrinsic motivation: A developmental perspective. In S. S. Luthar, J. A. Burack, D. Cicchetti, & J. R. Weisz (Eds.), *Developmental psychopathology: Perspectives on adjustment, risk, and disorder* (pp. 23-50). Cambridge University Press.

Levesque, C., Zuehlke, A. N., Stanek, L. R., & Ryan, R. M. (2004). Autonomy and competence in German and American university students: A comparative study based on self-determination theory. *Journal of Educational Psychology*, *96*(1), 68.

Li, M., Long, C., & Yang, L. (2015). Hippocampal-prefrontal circuit and disrupted functional connectivity in psychiatric and neurodegenerative disorders. *BioMed Research International*, *2015*, 810548.

Locke, E. A. (1996). Motivation through conscious goal setting. *Applied and Preventive Psychology*, *5*(2), 117-124.

Locke, E. A., & Latham, G. P. (1990). *A theory of goal setting & task performance*. Prentice-Hall.

Locke, E. A., & Latham, G. P. (1992). Comments on McLeod, Liker, and Lobel. *The Journal of Applied Behavioral Science*, *28*(1), 42-45.

Locke, E. A., & Latham, G. P. (2002). Building a practically useful theory of goal setting and task motivation: A 35-year odyssey. *American Psychologist, 57*(9), 705.

Locke, E. A., Chah, D. O., Harrison, S., & Lustgarten, N. (1989). Separating the effects of goal specificity from goal level. *Organizational Behavior and Human Decision Processes, 43*(2), 270-287.

Locke, E. A., Shaw, K. N., Saari, L. M., & Latham, G. P. (1981). Goal setting and task performance: 1969-1980. *Psychological Bulletin, 90*(1), 125.

Loewenstein, G. (1994). The psychology of curiosity: A review and reinterpretation. *Psychological Bulletin, 116*(1), 75.

Luce, M. F., Bettman, J. R., & Payne, J. W. (1997). Choice processing in emotionally difficult decisions. *Journal of Experimental Psychology: Learning, Memory, and Cognition, 23*(2), 384.

MacQueen, G., & Frodl, T. (2011). The hippocampus in major depression: Evidence for the convergence of the bench and bedside in psychiatric research?. *Molecular Psychiatry, 16*(3), 252-264.

Maguire, E. A., Gadian, D. G., Johnsrude, I. S., Good, C. D., Ashburner, J., Frackowiak, R. S., & Frith, C. D. (2000). Navigation-related structural change in the hippocampi of taxi drivers. *Proceedings of the National Academy of Sciences, 97*(8), 4398-4403.

Mahoney, J. L., Larson, R. W., Eccles, J. S., & Lord, H. (2005). Organized activities as developmental contexts for children and adolescents. In J. L. Mahoney, R. W. Larson, & J. S. Eccles (Eds.), *Organized activities as contexts of development: Extracurricular activities, after-school and community programs* (pp. 3-22). Lawrence Erlbaum Associates Publishers.

Maratos, E. J., Dolan, R. J., Morris, J. S., Henson, R. N. A., & Rugg, M. D. (2001). Neural activity associated with episodic memory for emotional context. *Neuropsychologia, 39*(9), 910-920.

Markus, H. (1977). Self-schemata and processing information about the self. *Journal of Personality and Social Psychology, 35*(2), 63.

Markus, H. (1983). Self-knowledge: An expanded view. *Journal of Personality, 51*(3), 543-565.

Markus, H., & Sentis, K. (1982). The self in social information processing. *Psychological Perspectives on the Self, 1*, 41-70.

Marsh, H. W. (1986). Global self-esteem: Its relation to specific facets of self-concept and their importance. *Journal of Personality and Social Psychology, 51*(6), 1224.

Marsh, H. W. (1990). Causal ordering of academic self-concept and academic achievement: A multiwave, longitudinal panel analysis. *Journal of educational psychology*, *82*(4), 646.

Marsh, H. W. (1992). Content specificity of relations between academic achievement and academic self-concept. *Journal of Educational Psychology*, *84*(1), 35.

Marsh, H. W., & Craven, R. G. (2006). Reciprocal effects of self-concept and performance from a multidimensional perspective: Beyond seductive pleasure and unidimensional perspectives. *Perspectives on Psychological Science*, *1*(2), 133-163.

Marsh, H. W., & Hau, K. T. (2003). Big fish little pond effect on academic self-concept: A crosscultural (26 country) test of the negative effects of academically selective schools. *American Psychologist*, *58*, 364-376.

Marsh, H. W., & Martin, A. J. (2011). Academic self-concept and academic achievement: Relations and causal ordering. *British journal of Educational Psychology*, *81*(1), 59-77.

Marsh, H. W., & O'Mara, A. (2008). Reciprocal effects between academic self-concept, self-esteem, achievement, and attainment over seven adolescent years: Unidimensional and multidimensional perspectives of self-concept. *Personality and Social Psychology Bulletin*, *34*(4), 542-552.

Marsh, H. W., & Scalas, L. F. (2011). Self-concept in learning: Reciprocal effects model between academic self-concept and academic achievement. *Social and Emotional Aspects of Learning*, *1*, 191-198.

Marsh, H. W., & Shavelson, R. (1985). Self-concept: Its multifaceted, hierarchical structure. *Educational Psychologist*, *20*(3), 107-123.

Marsh, H. W., Ellis, L. A., & Craven, R. G. (2002). How do preschool children feel about themselves? Unraveling measurement and multidimensional self-concept structure. *Developmental Psychology*, *38*(3), 376.

Marsh, H. W., Kuyper, H., Seaton, M., Parker, P. D., Morin, A. J., Möller, J., & Abduljabbar, A. S. (2014). Dimensional comparison theory: An extension of the internal/external frame of reference effect on academic self-concept formation. *Contemporary Educational Psychology*, *39*(4), 326-341.

Marsh, H. W., Parada, R. H., Craven, R. G., & Finger, L. (2004). *In the looking glass: A reciprocal effects model elucidating the complex nature of bullying, psychological determinants, and the central role of self-concept.* In C. S. Sanders & G. D. Phye (Eds.), *Bullying: Implications for the classroom* (pp. 63-106). Academic Press.

Marsh, H. W., Trautwein, U., Lüdtke, O., Baumert, J., & Köller, O. (2007). The big-fish-little-pond effect: Persistent negative effects of selective high schools on self-concept after graduation. *American Educational Research Journal, 44*(3), 631-669.

Marsh, H. W., Walker, R., & Debus, R. (1991). Subject-specific components of academic self-concept and self-efficacy. *Contemporary Educational Psychology, 16*(4), 331-345.

Meece, J. L., Blumenfeld, P. C., & Hoyle, R. H. (1988). Students' goal orientations and cognitive engagement in classroom activities. *Journal of Educational Psychology, 80*(4), 514.

Mento, A. J., Steel, R. P., & Karren, R. J. (1987). A meta-analytic study of the effects of goal setting on task performance: 1966-1984. *Organizational Behavior and Human Decision Processes, 39*(1), 52-83.

Mitchell, S. A. (1988). *Relational concepts in psychoanalysis: An integration.* Harvard University Press.

Montague, P. R., Dayan, P., & Sejnowski, T. J. (1996). A framework for mesencephalic dopamine systems based on predictive Hebbian learning. *Journal of Neuroscience, 16*(5), 1936-1947.

Montague, P. R., King-Casas, B., & Cohen, J. D. (2006). Imaging valuation models in human choice. *Annual Review of Neuroscience, 29*, 417-448.

Neeman, J., & Harter, S. (1986). *Manual for the self-perception profile for college students.* Unpublished manuscrip.

Niemiec, C. P., & Ryan, R. M. (2009). Autonomy, competence, and relatedness in the classroom: Applying self-determination theory to educational practice. *Theory and Research in Education, 7*(2), 133-144.

Ntoumanis, N. (2005). A prospective study of participation in optional school physical education using a self-determination theory framework. *Journal of Educational Psychology, 97*(3), 444.

Otis, N., Grouzet, F. M., & Pelletier, L. G. (2005). Latent motivational change in an academic setting: A 3-year longitudinal study. *Journal of Educational Psychology, 97*(2), 170.

Paine, T. A., Asinof, S. K., Diehl, G. W., Frackman, A., & Leffler, J. (2013). Medial prefrontal cortex lesions impair decision-making on a rodent gambling task: Reversal by D1 receptor antagonist administration. *Behavioural Brain Research*, *243*, 247-254.

Pajares, F. (1996). Self-efficacy beliefs in academic settings. *Review of Educational Research*, *66*(4), 543-578.

Pajares, F., & Miller, M. D. (1995). Mathematics self-efficacy and mathematics performances: The need for specificity of assessment. *Journal of Counseling Psychology, 42*(2), 190.

Pajares, F., Miller, M. D., & Johnson, M. J. (1999). Gender differences in writing self-beliefs of elementary school students. *Journal of Educational Psychology, 91*(1), 50.

Park, A. J., Harris, A. Z., Martyniuk, K. M., Chang, C. Y., Abbas, A. I., Lowes, D. C., Kellendonk, C., Gogos, J. A., & Gordon, J. A. (2021). Reset of hippocampal-prefrontal circuitry facilitates learning. *Nature, 591*(7851), 615-619.

Pekrun, R., Elliot, A. J., & Maier, M. A. (2009). Achievement goals and achievement emotions: Testing a model of their joint relations with academic performance. *Journal of Educational Psychology*, *101*(1), 115.

Peterson, C., Maier, S. F., & Seligman, M. E. (1993). *Learned helplessness: A theory for the age of personal control*. Oxford University Press.

Pierce, G. R., Sarason, I. G., & Sarason, B. R. (1991). General and relationship-based perceptions of social support: Are two constructs better than one?. *Journal of Personality and Social Psychology*, *61*(6), 1028.

Pintrich, P. R. (2003). A motivational science perspective on the role of student motivation in learning and teaching contexts. *Journal of Educational Psychology*, *95*(4), 667.

Pintrich, P. R., & Schrauben, B. (1992). Students' motivational beliefs and their cognitive engagement in classroom academic tasks. *Student Perceptions in the Classroom*, 7(1), 149-183.

Pressman, S. D., & Cohen, S. (2005). Does positive affect influence health?. *Psychological Bulletin*, 131(6), 925.

Raichlen, D. A., Foster, A. D., Gerdeman, G. L., Seillier, A., & Giuffrida, A. (2012). Wired to run: Exercise-induced endocannabinoid signaling in humans and cursorial mammals with implications for the 'runner's high'. *Journal of Experimental Biology*, *215*(8), 1331-1336.

Reeve, J. (1989). The interest-enjoyment distinction in intrinsic motivation. *Motivation and Emotion*, *13*, 83-103.

Reeve, J. (2009). Why teachers adopt a controlling motivating style toward students and how they can become more autonomy supportive. *Educational Psychologist*, *44*(3), 159-175.

Reeve, J. (2013). How students create motivationally supportive learning environments for themselves: The concept of agentic engagement. *Journal of Educational Psychology*, 105(3), 579.

Reeve, J. (2018). *Understanding motivation and emotion*. New York, NY: Wiley.

Reeve, J., & Cheon, S. H. (2021). Autonomy-supportive teaching: Its malleability, benefits, and potential to improve educational practice. *Educational Psychologist*, *56*(1), 54-77.

Reeve, J., & Deci, E. L. (1996). Elements of the competitive situation that affect intrinsic motivation. *Personality and Social Psychology Bulletin*, *22*(1), 24-33.

Reeve, J., & Jang, H. (2006). What teachers say and do to support students' autonomy during a learning activity. *Journal of Educational Psychology*, *98*(1), 209.

Reeve, J., & Tseng, C. M. (2011). Agency as a fourth aspect of students' engagement during learning activities. *Contemporary Educational Psychology*, *36*(4), 257-267.

Reeve, J., Cheon, S. H., Assor, A., Kaplan, H., Moss, J. D., Vansteenkiste, M., ... & Olaussen, B. S. (2010). *Testing cultural norms as the foundational basis for a teacher's motivating style toward students.* Unpublished manuscript, Korea University, Korea.

Reeve, J., Deci, E. L., & Ryan, R. M. (2004). Self-determination theory: A dialectical framework for understanding socio-cultural influences on student motivation. *Big Theories Revisited*, 4, 31-60.

Reeve, J., Jang, H., Carrell, D., Jeon, S., & Barch, J. (2004). Enhancing students' engagement by increasing teachers' autonomy support. *Motivation and Emotion*, *28*, 147-169.

Reeve, J., Jang, H., Hardre, P., & Omura, M. (2002). Providing a rationale in an autonomy-supportive way as a strategy to motivate others during an uninteresting activity. *Motivation and Emotion*, *26*, 183-207.

Rilling, J. K., Gutman, D. A., Zeh, T. R., Pagnoni, G., Berns, G. S., & Kilts, C. D. (2002). A neural basis for social cooperation. *Neuron*, *35*(2), 395-405.

Rivalan, M., Coutureau, E., Fitoussi, A., & Dellu-Hagedorn, F. (2011). Inter-individual decision-making differences in the effects of cingulate, orbitofrontal, and prelimbic cortex lesions in a rat gambling task. *Frontiers in Behavioral Neuroscience*, *5*, 22.

Robbins, T. W., & Everitt, B. J. (1996). Neurobehavioural mechanisms of reward and motivation. *Current Opinion in Neurobiology*, *6*(2), 228-236.

Rodolfo, K., Turbica, I., Frobert, Y., Creminon, C., Fretier, P., Demart, S., Comoy, E., Di Giamberardino, L., Rezaei, H, Hunsmann, G., Deslys, J.-P. & Grassi, J. (2001). Quantitative measurement of mammalian cellular prion protein with two-site immunometric assays using specific monoclonal antibodies. *Journal of Immunological Methods*. (In press).

Rosenberg, M. (1979). *Conceiving the self*. Basic Books.

Rosenberg, M., & Pearlin, L. I. (1978). Social class and self-esteem among children and adults. *American Journal of Sociology*, *84*(1), 53-77.

Rosenberg, M., Schooler, C., & Schoenbach, C. (1989). Self-esteem and adolescent problems: Modeling reciprocal effects. *American Sociological Review*, 1004-1018.

Rosenthal, T. L., & Zimmerman, B. J. (1978). *Social learning and cognition*. Academic Press.

Rouse, P. C., Ntoumanis, N., Duda, J. L., Jolly, K., & Williams, G. C. (2011). In the beginning: Role of autonomy support on the motivation, mental health and intentions of participants entering an exercise referral scheme. *Psychology & Health*, *26*(6), 729-749.

Rozin, P., & Royzman, E. B. (2001). Negativity bias, negativity dominance, and contagion. *Personality and Social Psychology Review*, 5(4), 296-320.

Ryan, R. M. (1982). Control and information in the intrapersonal sphere: An extension of cognitive evaluation theory. *Journal of Personality and Social Psychology*, *43*(3), 450.

Ryan, R. M. (1993). Agency and organization: Intrinsic motivation, autonomy, and the self in psychological development. In J. E. Jacobs (Vol. Ed.) & R. Dienstbier (Series Ed.), *Nebraska symposium on motivation: Developmental perspectives on motivation* (Vol. 40, pp. 1-56). University of Nebraska Press.

Ryan, R. M. (1995). Psychological needs and the facilitation of integrative processes. *Journal of Personality, 63*(3), 397-427.

Ryan, R. M., & Connell, J. P. (1989). Perceived locus of causality and internalization: Examining reasons for acting in two domains. *Journal of Personality and Social Psychology*, *57*(5), 749.

Ryan, R. M., & Deci, E. L. (2000). Self-determination theory and the facilitation of intrinsic motivation, social development, and well-being. *American Psychologist, 55*, 68-78.

Ryan, R. M., & Deci, E. L. (2002). Overview of self-determination theory: An organismic-dialectical perspective. In E. L. Deci & R. M. Ryan (Eds.), *Handbook of self-determination research* (pp. 3-33). University of Rochester Press.

Ryan, R. M., & Deci, E. L. (2006). Self-regulation and the problem of human autonomy: Does psychology need choice, self-determination, and will? *Journal of Personality*, *74*(6), 1557-1586.

Ryan, R. M., & Deci, E. L. (2017). *Self-determination theory: Basic psychological needs in motivation, development, and wellness.* Guilford publications.

Ryan, R. M., & Deci, E. L. (2019). Brick by brick: The origins, development, and future of self-determination theory. In A. J. Elliot (Ed.), *Advances in motivation science* (Vol. 6, pp. 111-156). Elsevier.

Ryan, R. M., & Grolnick, W. S. (1986). Origins and pawns in the classroom: Self-report and projective assessments of individual differences in children's perceptions. *Journal of Personality and Social Psychology, 50*(3), 550.

Ryan, R. M., & Lynch, J. H. (1989). Emotional autonomy versus detachment: Revisiting the vicissitudes of adolescence and young adulthood. *Child Development*, 340-356.

Ryan, R. M., Deci, E. L., & Vansteenkiste, M. (2016). Autonomy and autonomy disturbances in self-development and psychopathology: Research on motivation, attachment, and clinical process. *Developmental Psychopathology*, *1*, 385-438.

Ryan, R. M., Duineveld, J. J., Di Domenico, S. I., Ryan, W. S., Steward, B. A., & Bradshaw, E. L. (2022). We know this much is (meta-analytically) true: A meta-review of meta-analytic findings evaluating self-determination theory. *Psychological Bulletin*, *148*(11-12), 813.

Ryan, R. M., Kuhl, J., & Deci, E. L. (1997). Nature and autonomy: An organizational view of social and neurobiological aspects of self-regulation in behavior and development. *Development and Psychopathology*, *9*(4), 701-728.

Ryan, R. M., Mims, V., & Koestner, R. (1983). Relation of reward contingency and interpersonal context to intrinsic motivation: A review and test using cognitive evaluation theory. *Journal of Personality and Social Psychology*, *45*(4), 736.

Ryan, R. M., Soenens, B., & Vansteenkiste, M. (2019). Reflections on self-determination theory as an organizing framework for personality psychology: Interfaces, integrations, issues, and unfinished business. *Journal of Personality*, *87*(1), 115-145.

Salamone, J. D., Correa, M., Farrar, A., & Mingote, S. M. (2007). Effort-related functions of nucleus accumbens dopamine and associated forebrain circuits. *Psychopharmacology*, *191*, 461-482.

Salamone, J. D., Correa, M., Mingote, S. M., & Weber, S. M. (2005). Beyond the reward hypothesis: Alternative functions of nucleus accumbens dopamine. *Current Opinion in Pharmacology*, *5*(1), 34-41.

Schultz, W. (1998). Predictive reward signal of dopamine neurons. *Journal of Neurophysiology*. *80*, 1-27.

Schultz, W. (2004). Neural coding of basic reward terms of animal learning theory, game theory, microeconomics and behavioural ecology. *Current Opinion in Neurobiology*, *14*(2), 139-147.

Schultz, W., Dayan, P., & Montague, P. R. (1997). A neural substrate of prediction and reward. *Science*, *275*(5306), 1593-1599.

Schunk, D. H. (1987). Peer models and children's behavioral change. *Review of Educational Research*, *57*(2), 149-174.

Schunk, D. H. (1989). Social cognitive theory and self-regulated learning. In B. J. Zimmerman, & D. H. Schunk (Eds.), *Self-regulated learning and academic achievement: Theory, research, and practice in cognitive development research* (pp. 83-110). New York Berlin Heidelberg.

Schunk, D. H. (1991). Self-efficacy and academic motivation. *Educational Psychologist*, *26*(3-4), 207-231.

Schunk, D. H. (1995). Self-efficacy and education and instruction. In J. E. Maddux (Ed.), *Self-efficacy, adaptation, and adjustment: Theory, research, and application* (pp. 281-303). Plenum Press.

Schunk, D. H., & Hanson, A. R. (1985). Peer models: Influence on children's self-efficacy and achievement. *Journal of Educational Psychology, 77*(3), 313.

Schunk, D. H., & Hanson, A. R. (1989). Self-modeling and children's cognitive skill learning. *Journal of Educational Psychology*, *81*(2), 155.

Schunk, D. H., & Pajares, F. (2005). Competence perceptions and academic functioning. In A. J. Elliot & C. S. Dweck (Eds.), *Handbook of competence and motivation* (pp. 85-104). Guilford Publications.

Schunk, D. H., & Swartz, C. W. (1993). Goals and progress feedback: Effects on self-efficacy and writing achievement. *Contemporary Educational Psychology, 18*(3), 337-354.

Schunk, D. H., Meece, J. L., & Pintrich, P. R. (2014). *Motivation in education: Theory research and applications* (94th Ed.). Pearson.

Schunk, D. H., Pintrich, P. R., & Meece, J. L. (2008). *Motivation in education: Theory* (3rd ed). Pearson Education Inc.

Schunk, D. H., Pintrich, P. R., & Meece, J. L. (2013). *Motivation in education: Theory, research, and applications*. Merrill Prentice Hall.

Seaton, E. K., Caldwell, C. H., Sellers, R. M., & Jackson, J. S. (2008). The prevalence of perceived discrimination among African American and Caribbean Black youth. *Developmental psychology*, 44(5), 1288.

Seaton, M., Marsh, H. W., & Craven, R. G. (2009). Earning its place as a pan-human theory: Universality of the big-fish-little-pond effect across 41 culturally and economically diverse countries. *Journal of Educational Psychology*, *101*(2), 403.

Seligman, M. E. (2002). Positive psychology, positive prevention, and positive therapy. *Handbook of Positive Psychology*, *2*(2002), 3-12.

Seligman, M. E. P. (1975). *Helplessness: On depression, development, University*, University Park. and death. Freeman.

Seligman, M. E., Rashid, T., & Parks, A. C. (2006). Positive psychotherapy. *American Psychologist, 61*(8), 774.

Seligman, M. E., Steen, T. A., Park, N., & Peterson, C. (2005). Positive psychology progress: Empirical validation of interventions. *American Psychologist*, *60*(5), 410.

Seppälä, E. (2016). *The happiness track: How to apply the science of happiness to accelerate your success*. Hachette UK.

Sheldon, K. M., Abad, N., & Omoile, J. (2009). Testing self-determination theory via Nigerian and Indian adolescents. *International Journal of Behavioral Development, 33*(5), 451-459.

Sheline, Y. I., Sanghavi, M., Mintun, M. A., & Gado, M. H. (1999). Depression duration but not age predicts hippocampal volume loss in medically healthy women with recurrent major depression. *Journal of Neuroscience, 19*(12), 5034-5043.

Sierens, E., Vansteenkiste, M., Goossens, L., Soenens, B., & Dochy, F. (2009). The synergistic relationship of perceived autonomy support and structure in the prediction of self-regulated learning. *British Journal of Educational Psychology, 79*(1), 57-68.

Silva, M. N., Marques, M. M., & Teixeira, P. J. (2014). Testing theory in practice: The example of self-determination theory-based interventions. *European Health Psychologist*, 16(5), 171-180.

Skaalvik, E. M. (1997). Self-enhancing and self-defeating ego orientation: Relations with task and avoidance orientation, achievement, self-perceptions, and anxiety. *Journal of Educational Psychology, 89*(1), 71.

Skaalvik, E. M., & Rankin, R. J. (1995). A test of the internal/external frame of reference model at different levels of math and verbal self-perception. *American Educational Research Journal, 32*(1), 161-184.

Skaalvik, E. M., & Vals, H. (1999). Relations among achievement, self-concept, and motivation in mathematics and language arts: A longitudinal study. *The Journal of Experimental Education, 67*(2), 135-149.

Skinner, B. F. (1953). *Science and human behavior*. Macmillan.

Skinner, E. A., Wellborn, J. G., & Connell, J. P. (1990). What it takes to do well in school and whether I've got it: A process model of perceived control and children's engagement and achievement in school. *Journal of Educational Psychology, 82*(1), 22.

Skinner, E., Furrer, C., Marchand, G., & Kindermann, T. (2008). Engagement and disaffection in the classroom: Part of a larger motivational dynamic?. *Journal of Educational Psychology, 100*(4), 765.

Slemp, G. R., Field, J. G., & Cho, A. S. (2020). A meta-analysis of autonomous and controlled forms of teacher motivation. *Journal of Vocational Behavior, 121*, 103459.

Slemp, G. R., Kern, M. L., Patrick, K. J., & Ryan, R. M. (2018). Leader autonomy support in the workplace: A meta-analytic review. *Motivation and Emotion*, *42*(5), 706-724.

Sparks, C., Dimmock, J., Lonsdale, C., & Jackson, B. (2016). Modeling indicators and outcomes of students' perceived teacher relatedness support in high school physical education. *Psychology of Sport and Exercise*, *26*, 71-82.

Sparks, C., Lonsdale, C., Dimmock, J., & Jackson, B. (2017). An intervention to improve teachers' interpersonally involving instructional practices in high school physical education: Implications for student relatedness support and in-class experiences. *Journal of Sport and Exercise Psychology*, *39*(2), 120-133.

St. Onge, J. R., & Floresco, S. B. (2010). Prefrontal cortical contribution to risk-based decision making. *Cerebral Cortex*, *20*(8), 1816-1828.

Standage, M., Duda, J. L., & Ntoumanis, N. (2003). A model of contextual motivation in physical education: Using constructs from self-determination and achievement goal theories to predict physical activity intentions. *Journal of Educational Psychology*, *95*(1), 97.

Stanley, P. J., Schutte, N. S., & Phillips, W. J. (2021). A meta-analytic investigation of the relationship between basic psychological need satisfaction and affect. *Journal of Positive School Psychology*, *5*(1), 1-16.

Starkweather, C. K., Gershman, S. J., & Uchida, N. (2018). The medial prefrontal cortex shapes dopamine reward prediction errors under state uncertainty. *Neuron*, *98*(3), 616-629.

Steptoe, A., Dockray, S., & Wardle, J. (2009). Positive affect and psychobiological processes relevant to health. *Journal of Personality*, *77*(6), 1747-1776.

Steptoe, A., O'Donnell, K., Marmot, M., & Wardle, J. (2008). Positive affect, psychological well-being, and good sleep. *Journal of Psychosomatic Research*, *64*(4), 409-415.

Stipek, D. J. (1993). *Motivation to learn: From theory to practice* (4th ed). Allyn & Bacon.

Stopper, C. M., Green, E. B., & Floresco, S. B. (2014). Selective involvement by the medial orbitofrontal cortex in biasing risky, but not impulsive, choice. *Cerebral Cortex*, *24*(1), 154-162.

Svickni, M., & McKeachie, W. (2014). *Teaching tips: Strategies, research and theory for college and university teachers*. Wadsworth.

Tang, Y. Y., Hölzel, B. K., & Posner, M. I. (2015). The neuroscience of mindfulness meditation. *Nature Reviews Neuroscience*, *16*(4), 213-225.

Tegano, D. W., Moran, J. D., & Sawyers, J. K. (1991). *Creativity in early childhood classrooms. National Education Association*. Early Childhood Education Series. East Lansing, MI: National Center for Research on Teacher Learning. (ERIC Document Production Service No. ED338435).

Tesser, A. (1988). *Toward a self-evaluation maintenance model of social behavior*. In L. Berkowitz (Ed.), *Advances in experimental social psychology* (Vol. 21, pp. 181-227). Academic Press.

Tessier, D., Sarrazin, P., & Ntoumanis, N. (2010). The effect of an intervention to improve newly qualified teachers' interpersonal style, students motivation and psychological need satisfaction in sport-based physical education. *Contemporary Educational Psychology*, *35*(4), 242-253.

Tian, L., Chen, H., & Huebner, E. S. (2014). The longitudinal relationships between basic psychological needs satisfaction at school and school-related subjective well-being in adolescents. *Social indicators Research*, 119, 353-372.

Trappenberg, P. (2002). *Fundamentals of computational neuroscience*. Oxford University Press.

Treadway, M. T., Buckholtz, J. W., Cowan, R. L., Woodward, N. D., Li, R., Ansari, M. S., ... & Zald, D. H. (2012). Dopaminergic mechanisms of individual differences in human effort-based decision-making. *Journal of Neuroscience*, *32*(18), 6170-6176.

Turner, N., Barling, J., & Zacharatos, A. (2002). Positive psychology at work. In C. R. Snyder & S. J. Lopez (Eds.), *Handbook of positive psychology* (pp. 715-728). Oxford University Press.

Vaillant, A. R., Zanassi, P., Walsh, G. S., Aumont, A., Alonso, A., & Miller, F. D. (2002). Signaling mechanisms underlying reversible, activity-dependent dendrite formation. *Neuron*, *34*(6), 985-998.

Vallerand, R. J., Deci, E. L., & Ryan, R. M. (1987). 12 intrinsic motivation in sport. *Exercise and Sport Sciences Reviews*, *15*(1), 389-426.

Vallerand, R. J., Fortier, M. S., & Guay, F. (1997). Self-determination and persistence in a real-life setting: Toward a motivational model of high school dropout. *Journal of Personality and Social Psychology*, *72*(5), 1161.

Vallerand, R. J., Pelletier, L. G., Blais, M. R., Briere, N. M., Senecal, C., &

Vallieres, E. F. (1992). The academic motivation scale: A measure of intrinsic, extrinsic, and amotivation in education. *Educational and Psychological Measurement*, *52*(4), 1003-1017.

van der Kaap-Deeder, J., Vansteenkiste, M., Soenens, B., Loeys, T., Mabbe, E., & Gargurevich, R. (2015). Autonomy-supportive parenting and autonomy-supportive sibling interactions: The role of mothers' and siblings' psychological need satisfaction. *Personality and Social Psychology Bulletin*, *41*(11), 1590-1604.

van Holstein, M., & Floresco, S. B. (2020). Dissociable roles for the ventral and dorsal medial prefrontal cortex in cue-guided risk/reward decision making. *Neuropsychopharmacology*, *45*(4), 683-693.

Vansteenkiste, M., & Ryan, R. M. (2013). On psychological growth and vulnerability: Basic psychological need satisfaction and need frustration as a unifying principle. *Journal of Psychotherapy Integration*, *23*(3), 263.

Vansteenkiste, M., Aelterman, N., Haerens, L., & Soenens, B. (2019). *Seeking stability in stormy educational times: A need-based perspective on (de) motivating teaching grounded in self-determination theory.* In Motivation in education at a time of global change: Theory, research, and implications for practice (pp. 53-80). Emerald Publishing Limited.

Vansteenkiste, M., Lens, W., Soenens, B., & Luyckx, K. (2006). Autonomy and relatedness among Chinese sojourners and applicants: Conflictual or independent predictors of well-being and adjustment? *Motivation and Emotion*, *30*, 273-282.

Vansteenkiste, M., Matos, L., Lens, W., & Soenens, B. (2007). Understanding the impact of intrinsic versus extrinsic goal framing on exercise performance: The conflicting role of task and ego involvement. *Psychology of Sport and Exercise*, *8*(5), 771-794.

Vansteenkiste, M., Niemiec, C. P., & Soenens, B. (2010). The development of the five mini-theories of self-determination theory: An historical overview, emerging trends, and future directions. In T. C. Urdan & S. A. Karabenick (Eds.), *The decade ahead: Theoretical perspectives on motivation and achievement* (pp. 105-165). Emerald Publishing Limited.

Vansteenkiste, M., Simons, J., Lens, W., Soenens, B., & Matos, L. (2005a). Examining the motivational impact of intrinsic versus extrinsic goal framing and autonomy-supportive versus internally controlling communication style on early adolescents' academic achievement. *Child Development, 76*(2), 483-501.

Vansteenkiste, M., Zhou, M., Lens, W., & Soenens, B. (2005b). Experiences of autonomy and control among Chinese learners: Vitalizing or immobilizing? *Journal of Educational Psychology, 97*(3), 468.

Vasquez, A. C., Patall, E. A., Fong, C. J., Corrigan, A. S., & Pine, L. (2016). Parent autonomy support, academic achievement, and psychosocial functioning: A meta-analysis of research. *Educational Psychology Review, 28*, 605-644.

Venkatraman, V., Payne, J. W., Bettman, J. R., Luce, M. F., & Huettel, S. A. (2009). Separate neural mechanisms underlie choices and strategic preferences in risky decision making. *Neuron, 62*(4), 593-602.

Von Mohr, M., & Fotopoulou, A. (2018). The cutaneous borders of interoception: Active and social inference of pain and pleasure on the skin. In M. Tsakiris & H. De Preester (Eds.), *The interoceptive mind: From homeostasis to awareness* (1st ed., pp. 102-120). Oxford University Press.

Walter, H., Abler, B., Ciaramidaro, A., & Erk, S. (2005). Motivating forces of human actions: Neuroimaging reward and social interaction. *Brain Research Bulletin, 67*(5), 368-381.

Watson, D., Clark, L. A., McIntyre, C. W., & Hamaker, S. (1992). Affect, personality, and social activity. *Journal of Personality and Social Psychology, 63*(6), 1011.

Waugh, C. E., & Fredrickson, B. L. (2006). Nice to know you: Positive emotions, self-other overlap, and complex understanding in the formation of a new relationship. *The Journal of Positive Psychology, 1*(2), 93-106.

Waugh, C. E., Hamilton, J. P., & Gotlib, I. H. (2010). The neural temporal dynamics of the intensity of emotional experience. *Neuroimage, 49*(2), 1699-1707.

Wigfield, A., & Karpathian, M. (1991). Who am I and what can I do? Children's self-concepts and motivation in achievement situations. *Educational Psychologist, 26*(3-4), 233-261.

Wigfield, A., Eccles, J. S., Yoon, K. S., Harold, R. D., Arbreton, A. J., Freedman-Doan, C., & Blumenfeld, P. C. (1997). Change in children's competence beliefs and subjective task values across the elementary school years: A 3-year study. *Journal of Educational Psychology, 89*(3), 451.

Williams, J. G., & Solano, C. H. (1983). The social reality of feeling lonely: Friendship and reciprocation. *Personality and Social Psychology Bulletin*, *9*(2), 237-242.

Wilson, T. D., & Gilbert, D. T. (2005). Affective forecasting: Knowing what to want. *Current directions in psychological science*, *14*(3), 131-134.

Windle, M. (1992). A longitudinal study of stress buffering for adolescent problem behaviors. *Developmental Psychology*, *28*(3), 522.

Wise, R. A., & Rompre, P. P. (1989). Brain dopamine and reward. *Annual Review of Psychology*, *40*(1), 191-225.

Zeidner, M. (1998). *Test anxiety: The state of the art*. Plenum Press.

Zimmerman, B. J. (1995). Self-efficacy and educational development. In A. Bandura (Ed.), *Self-efficacy in changing societies* (pp. 202-231). Cambridge University Press.

Zimmerman, B. J., & Kitsantas, A. (1999). Acquiring writing revision skill: Shifting from process to outcome self-regulatory goals. *Journal of Educational Psychology*, *91*(2), 241.

찾아보기

## 저자 소개

김은주(Kim Eun Joo)

현재 연세대학교 교육대학원 교수로 재직 중이다. 주요 연구 분야는 뇌과학 기반의 동기부여와 교수학습방법이다. 학부와 교육대학원생들을 대상으로 '교육방법 및 교육공학' '학습동기' '말하기와 토론'을 가르치고 있다.

연세대학교 교육학과 학부와 석사・박사 학위를 최우등으로 졸업하였다. 2020년과 2006년 교육대학원 우수강의상, 2020년과 2012년 연세대학교 연구업적 우수교수상, 국제커뮤니케이션학회(International Communication Association: ICA) 우수논문상(Top Paper)을 수상하였다.

스위스 로잔연방공과대학교(Swiss Federal Institute of Technology in Lausanne: EPFL), 영국 유니버시티칼리지 런던(University College London)의 뇌과학센터(Wellcome Centre for Human Neuroimaging), 미국 버지니아대학교(University of Virginia)의 뇌과학센터(Center for Human Neuroscience Research)에서 방문교수로 뇌과학과 동기에 대한 연구를 수행해 왔다. 동기와 교수학습방법에 대한 수십 편의 논문과 저서 『뇌과학과 동기이론에 기반한 교수학습방법 연구와 적용의 새로운 패러다임』(2020), 『명강의 핵심전략』(2003)이 있다.

뇌과학 기반
# 동기와 학습
The Emerging Neuroscience of Motivation and Learning

2024년 1월 20일 1판 1쇄 인쇄
2024년 1월 25일 1판 1쇄 발행

지은이 • 김은주
펴낸이 • 김진환
펴낸곳 • ㈜학지사
04031 서울특별시 마포구 양화로 15길 20 마인드월드빌딩
대표전화 • 02-330-5114 팩스 • 02-324-2345
등록번호 • 제313-2006-000265호

홈페이지 • http://www.hakjisa.co.kr
인스타그램 • https://www.instagram.com/hakjisabook

ISBN 978-89-997-3003-0 93370

정가 17,000원